나의 나무 아래서

나의 나무 아래서

오에 겐자부로

오에 유카리 그림

송현아 옮김

'JIBUN NO KI' NO SHITA DE「自分の木」の下で
by OE Kenzaburo 大江健三郎
Illustration by OE Yukari 大江ゆかり
Copyright © 2001 OE Yukari
All rights reserved.
Originally published in Japan by The Asahi Shimbun Company, Tokyo.
Korean translation rights arranged with OE Yukari through THE SAKAI
AGENCY and ENTERS KOREA CO., LTD.
이 책의 한국어판 저작권은 (주)엔터스코리아를 통해 저작권자와 독점계약한 (주)까치글방에 있습니다. 저작권법에 의하여 한국 내에서 보호를 받는 저작물이므로 무단전재와 무단복제를 금합니다.

옮긴이 송현아(宋炫兒)
동국대학교 일어일문학과 박사과정을 수료했다. 서강대학교, 동국대학교, 사법연수원 등 여러 강단에 섰다. 『도둑의 문화사』, 『환상동물사전』, 『지옥』, 『한권으로 읽는 일본의 기담 괴담』 등을 번역했다.

나의 나무 아래서

저자/오에 겐자부로
그림/오에 유카리
역자/송현아
발행처/까치글방
발행인/박후영
주소/서울시 용산구 서빙고로 67, 파크타워 103동 1003호
전화/02 · 735 · 8998, 736 · 7768
팩시밀리/02 · 723 · 4591
홈페이지/www.kachibooks.co.kr
전자우편/kachibooks@gmail.com
등록번호/1-528
등록일/1977. 8. 5
초판 1쇄 발행일/2001. 10. 20
제2판 1쇄 발행일/2025. 5. 16
값/뒤표지에 쓰여 있음

ISBN 978-89-7291-870-7 04830
     978-89-7291-869-1 (세트)

차례

왜 아이들은 학교에 가야 하는가? 7

어떻게 살아왔습니까? 24

숲에서 바다표범과 함께 지낸 아이 38

어떤 사람이 되고 싶었던가? 51

"말"을 옮겨 적다 65

아이들의 싸움 방법 79

싱가포르의 고무공 93

어느 중학교에서의 수업 106

나의 공부 방법 120

사람이 떠내려온 날 133

탱크로의 머리 폭탄 147

책을 읽는 나무의 집 160

"소문"에 대한 저항감 173

100년의 아이 186

돌이킬 수 없는 것은 (아이에게는) 없다 200

"어느 정도의 시간을 기다려보십시오" 214

역자 후기 229

왜 아이들은 학교에 가야 하는가?

1

나는 지금까지 인생에서 두 번 이 문제를 생각해보았습니다. 왜 아이들은 학교에 가야 하는가. 중요한 문제는 고통스럽더라도 골똘히 생각해야 합니다. 게다가 그렇게 하는 것은 좋은 일입니다. 설령 문제를 완전히 해결하지 못했더라도, 훗날 그 일을 회상할 때마다 골똘히 생각할 시간을 가진 일은 그 자체로 의미가 있었음을 깨달을 것입니다.

내가 이 문제를 생각해보았던 두 번 모두 다행스럽게도 좋은 대답이 나왔습니다. 그것들은 내가 나의 인생에서 부딪쳤던 수많은 문제들에 대한 대답들 중에서도 가장 좋은 것이었다고 생각합니다.

왜 아이들은 학교에 가야 하는가에 대해서, 처음에는 생각해보았다고 하기보다는 조금 강한 의혹을 품었다고 해야 할 것 같습니다. 열 살 때 가을이었습니다. 그해 여름에 일본은 태평양 전쟁에서 패배했습니다. 일본은 미국, 영국, 네덜란드, 중국 등의 연합국과 싸웠습니다. 핵폭탄이 처음으로 인간이 사는 도시에 떨어진 것도 이 전쟁을 치르면서였습니다.

전쟁에서 패배한 탓에 일본인의 생활에는 거대한 변화가 생겼습니다. 그전까지 우리 아이들, 그리고 어른들 역시 국가에서 가장 강력한 힘을 가지고 있었던 천황을 "신神"이라고 배웠습니다. 그러나 전쟁 후, 천황은 인간이라는 사실이 분명해졌습니다.

싸웠던 상대 나라들 중에서도 미국은 우리가 가장 두려워하고 가장 미워한 적이었습니다. 그 나라가 이제는 우리가 전쟁의 피해에서 다시 일어서기 위해서 첫째로 의지해야 되는 나라가 되었습니다.

어린 나는 이런 변화가 옳다고 생각했습니다. "신"이 현실 사회를 지배하는 것보다 인간이 모두 똑같은 권리

를 가지고 함께 나아가는 민주주의가 좋다는 것은 나 역시 잘 알고 있었습니다. 적이니까 다른 나라 사람들을 죽이러 가는―죽임을 당할 때도 있지만―군인이 되지 않아서 다행이라고 생각하게 된 것은 눈부신 변화라는 사실도 절실히 느꼈습니다.

그럼에도 나는 전쟁이 끝나고 한 달이 지나자 제대로 학교에 나가지 않게 되었습니다.

그 까닭은 한여름까지만 해도 천황이 "신"이라면서 그의 사진에 인사를 하게 하고, 미국인은 인간이 아니라 귀신이나 짐승이라고 말씀하시던 선생님들이 전혀 아무렇지도 않게 이제는 완전히 반대로 말씀하기 시작하셨기 때문이었습니다. 게다가 지금까지의 사고방식과 수업방식은 잘못된 것이었으니, 그 점에 대해서 반성한다고 우리에게 제대로 이야기하지도 않고, 너무나 천연덕스럽게 천황은 인간이고, 미국인은 친구라고 가르치기 시작하셨기 때문이었습니다.

주둔군이 몇 대의 지프차에 나뉘어 숲속 골짜기의 작은 마을에 들어온 날―나는 여기에서 태어나고 자랐습니다—학생들은 길가 양옆에 서서 손으로 만든 성조기를 흔들면서 "헬로!" 하고 소리치며 반겼습니다. 그렇지만 나는 학교를 빠져나가서 숲속으로 들어갔습니다.

  높은 곳에서 골짜기를 내려다보니, 장난감 모형 같은 지프차가 강변길을 따라서 밀려왔습니다. 콩알만 한 아이들의 얼굴은 볼 수가 없었지만, 분명하게 "헬로!" 하고 소리 지르는 목소리가 들려왔습니다. 그러자 나는 눈물이 났습니다.

2

다음 날 아침부터 나는 학교에 가면 곧장 뒷문으로 빠져나와 숲속으로 들어가서 저녁 때까지 혼자서 지냈습니다. 그때 내게는 커다란 식물도감이 있었습니다. 나는 그 도감으로 숲속 나무의 정확한 이름과 성질을 한 그루씩 확인하고는 외워나갔습니다.

  우리 집은 숲을 관리하는 일과 관련되어 있었기 때문에, 내가 숲에 있는 나무의 이름과 성질을 외워두는 것은 미래의 생활을 위한 일이기도 했습니다. 숲의 나무들은 실로 그 종류가 다양했습니다. 게다가 한 그루 한 그루가 제각기 다른 이름과 성질을 가지고 있다는 사실은 푹 빠져버릴 정도로 재미있었습니다. 지금까지도 내가 알고 있는 나무의 학명은 거의 이때의 현장 공부에서 배운 것들입니다.

나는 더 이상 학교에는 가지 않을 작정이었습니다. 숲속에서 혼자 식물도감으로 나무의 이름과 성질을 공부해놓으면 어른이 되더라도 생활은 꾸려갈 수 있다고 생각했습니다. 다른 한편 학교에 가도 내가 진심으로 재미있다고 여기는 나무들에 대해서 흥미를 가지고 이야기 상대가 되어주는 선생님도, 친구들도 없다는 사실을 알고 있었습니다. 어째서 학교에 가서 어른이 될 때까지 생활과는 관계없는 것들을 공부해야 할까요?

세찬 비가 내리던 한가을의 어느 날, 궂은 날씨에도 불구하고 나는 숲으로 갔습니다. 비는 더더욱 세차게 내려서 숲 이곳저곳에 이제까지는 볼 수 없었던 물줄기가 생기고 길도 무너져 내렸습니다. 깊은 밤이 되어도 골짜기에서 내려갈 수 없었습니다. 게다가 열까지 나기 시작해 거대한 침엽수 밑동 구멍 속에 쓰러져 있던 나는 사흘째 되는 날에서야 마을의 소방단 아저씨들에게 구출되었습니다.

집으로 돌아와서도 열은 내려가지 않았습니다. 이웃 마을에서 온 의사 선생님이―나는 꿈속에서 일어난 일처럼 그의 말을 듣고 있었는데―더 이상 치료할 방법도 약도 없다고 하면서 돌아가버렸습니다. 어머니만이 희망을 잃지 않고 나를 간병했습니다. 그러던 어느 깊은 밤중에, 열도 계속되고 몸이 쇠약해졌음에도 나는 열풍에 휩싸인 꿈의 세계에 있는 듯한 상태에서 완전히 눈을 뜨고 머리가 맑아졌다는 것을 깨달았습니다.

지금은 시골이라고 해도 그렇게 하지 않지만, 나는 일본 가정의 옛 치료법대로 다다미 바닥에 깐 요 위에 누워 있었습니다. 베개 곁에 벌써 며칠씩이나 주무시지 못했을 어머니가 앉아서 나를 내려다보고 계셨습니다. 지금부터의 대화는 방언으로 나눈 것이지만, 젊은 사람들이 읽을 글이니까 표준어로 쓰겠습니다.

나는 스스로도 이상하게 여길 만큼 느릿느릿하고 작은 목소리로 물어보았습니다.

"엄마, 난 죽는 거야?"
"난, 네가 죽지 않을 거라고 생각해. 죽지 않도록 기도하고 있어."
"의사 선생님이 이 아이는 죽을 겁니다, 더 이상 어쩔 수 없어요, 하고 말씀하셨는걸. 그렇게 들었어. 난 죽을 건가 봐."

어머니는 잠시 가만히 계셨습니다. 그러고 나서는 이렇게 말씀하셨습니다.

"만약 네가 죽더라도 내가 또다시 널 낳아줄 테니까, 걱정하지 마."
"……그치만 그 아이는 지금 죽는 나와는 다른 아이가 아닐까?"
"아니야, 똑같아. 내 몸에서 태어나서 네가 이제껏

> 보고 들었던 것들과 읽은 것, 네가 해왔던 일들 모두를 새로운 너한테 이야기해줄 거야. 그러면 지금 네가 알고 있는 말을 새로운 너도 사용하게 될 테니까 두 아이는 완전히 똑같아지는 거야."

 나는 뭐가 뭔지 잘 몰랐습니다. 그러나 정말 마음이 안정되어 다시 잠들 수 있었습니다. 그리고 다음 날 아침부터 회복되기 시작했습니다. 아주 느릿느릿 회복되었지만……겨울에 접어들면서 자진해서 학교에 나가게 되었습니다.

3

교실에서 공부하면서도, 아니면 운동장에서 야구를 하면서도―야구는 전쟁이 끝난 뒤부터 유행하기 시작한 스포츠였습니다―나는 어느새 멍하니 혼자서 생각에 잠기곤 했습니다. 지금 여기에 있는 나는 신열에 시달리며 고통스러워했던 그 아이가 죽은 다음에 어머니가 또다시 낳아준 새로운 아이가 아닐까? 죽은 그 아이가 보거나 들었던 것, 읽은 것과 스스로 해왔던 일에 대한 이야기를 어머니에게서 전부 듣고, 이전부터 해왔던 말을 이어받아서 이런 식으로 생각하거나 말하고 있는 것은 아닐까?

이 교실이나 운동장에 있는 아이들은 모두 어른이 되지 못하고 죽은 아이들이 보거나 들었던 것, 읽었던 것, 스스로 해왔던 일을 전부 들은 다음에 그 아이들을 대신해서 살아 있는 것은 아닐까? 그 증거로 우리들은 모두 똑같은 말을 이어받아 이야기하고 있는 것은 아닐까?

그리고 우리들은 모두 그 말을 완전히 자기 것으로 만들기 위해서 학교에 오는 것은 아닐까? 국어만이 아니라 과학이나 산수, 체조까지 모두 죽은 아이들의 말을 이어받기 위한 공부일지도 몰라! 혼자서 숲속에 들어가서 식물도감과 눈앞의 나무를 서로 비교해보고 지내는 것만으로는 죽은 아이를 대신할, 똑같이 새로운 아이가 될 수는 없어. 그러니까 우리는 이렇게 학교에 와서 모두 함께 공부하고 노는 거야…….

내가 지금까지 말한 것을, 여러분은 이상한 이야기라고 생각할지도 모르겠습니다. 나도 지금 내 경험을 꽤 오랜만에 떠올리면서, 어른이 된 지금의 나는 마침내 병이 나아 고요한 기쁨과 함께 학교로 되돌아간 그 초겨울에는 실로 확실하게 이해할 수 있었던 일들을 이제 잘 알 수 없게 되었다는 기분이 들기 때문입니다.

한편으로는 지금의 아이들, 새로운 아이들인 여러분은 그것을 분명하게 이해할지도 모른다는 희망을 가지고, 지금껏 글로 써본 일이 없는 추억을 이야기했습니다.

4

그리고 또 하나 추억 속에 남아 있는 것은 내가 어른이 된 뒤의 사건입니다. 우리 집의 첫째 아이는 히카리라는 남자아이인데, 태어났을 때부터 머리 부분에 이상이 있었습니다. 크고 작은 머리가 두 개 있는 듯 보일 만큼 커다란 혹이 뒤통수에 붙어 있었던 것입니다. 의사 선생님은 그것을 잘라낸 뒤에 가능한 한 뇌에는 영향이 없도록 수술 부위를 봉합해주었습니다.

히카리는 겉으로는 무탈하게 자랐지만, 네댓 살이 되어도 말을 하지 못했습니다. 그러나 음의 높이나 음색에 아주 민감해서, 인간의 말보다 먼저 들새의 노랫소리를 많이 익혔습니다. 이윽고 히카리는 어떤 새의 노랫소리를 들으면 레코드판으로 듣고 알게 된 새의 이름을 말할 수 있게 되었습니다. 이것이 히카리가 말을 익히는 과정의 시작이었습니다.

히카리가 일곱 살이 되었을 때, 건강한 아이보다 한 해 늦게 "특수학급"에 들어갔습니다. 그곳에는 각자 장애를 가진 아이들이 모여 있었습니다. 항상 크게 소리치는 아이도 있었고, 또 가만히 있지 못하고 돌아다니면서 책상에 부딪치거나 의자를 넘어뜨리는 아이도 있었습니다. 창문으로 들여다보면 히카리는 언제나 귀를 양손으로 틀어막은 채 온몸이 경직되어 있었습니다.

나는 이제 어른이면서도, 스스로에게 어렸을 적과 똑같은 질문을 던졌습니다. 히카리는 왜 학교에 가야 할까? 들새의 노랫소리를 잘 알아듣고 또 새들의 이름을 부모한테 가르쳐주는 것을 좋아하니까, 셋이서 시골로 돌아가서 숲속에 있는 언덕 위 풀밭에 집을 짓고 살면 어떨까? 나는 식물도감에서 나무의 이름과 성질을 확인하고, 히카리는 새의 노랫소리를 듣고는 그 이름을 말하고, 아내는 우리 둘을 스케치하든지 음식을 만든다면……이게 어째서 안 될까?

어른인 나에게도 어렵기만 한 이 문제를 해결한 사람은 바로 히카리 본인이었습니다. 히카리는 "특수학급"에 들어가서 어느 정도 지나자, 자기와 똑같이 큰 소리와 소음을 싫어하는 친구를 발견했습니다. 그리고 둘은 언제나 교실 구석에서 손을 마주 잡고 상황을 가만히 견디게 되었습니다.

게다가 히카리는 자기보다 운동능력이 떨어지는 그 친구가 화장실에 가는 것을 도와주게 되었습니다. 집에서는 무엇이든 어머니에게 의지하는 히카리로서는, 친구에게 도움을 주는 일이 신선한 기쁨이었습니다. 그러면서 그 둘은 다른 아이들과 떨어진 곳에 의자를 나란히 하고 FM 음악방송을 듣게 되었습니다.

그렇게 한 해가 지나자 히카리는 새의 노랫소리보다도 인간이 만든 음악이 자기가 좀더 잘 이해할 수 있는 말임을 깨달았습니다. 라디오 방송의 선곡표에서 친구가 마음에 들어하는 곡 이름을 종이에 적은 뒤에 집에 돌아와서 그 CD를 찾기도 했습니다. 거의 온종일 입을 다물고 지내는 두 사람이 서로 바흐나 모차르트라는 단어를 사용하고 있다는 사실을 선생님도 눈치채시게 되었습니다.

5

히카리는 "특수학급"을 마치고 그 친구와 함께 양호학교養護學校로 진학했습니다. 일본에는 고등학교 3학년이 끝나면 더 이상 지적 장애아를 위한 학교가 없습니다. 졸업하는 히카리와 그의 친구들에게 선생님들이, "내일부터 이제 학교에 안 와도 돼요" 하고 설명하는 것을 나도 부모로서 듣는 날이 왔습니다.

졸업식 파티에서 내일부터 이제 수업이 없다는 설명을

몇 번씩이나 들은 히카리가 말했습니다.

"이상한데······."

그러자 그 친구도 마음을 담아 대답했습니다.

"이상하네."

두 사람 모두 놀랐다는 듯이, 그러면서도 조용한 미소를 띠고서.

어머니에게서 음악을 배운 것을 계기로 이제 작곡을 하게 된 히카리를 위해서, 나는 이 대화를 바탕으로 시를 썼습니다. 여기에 히카리가 곡을 붙였는데, 이 곡을 발전시킨 「졸업, 변주곡과 더불어」는 여러 연주회를 통해 많은 청중에게 선보이고 있습니다.

지금 히카리에게 음악은 자기의 마음속에 있는 깊고 풍부한 감정을 스스로 확인하고 다른 사람들에게 전달하며 자기를 사회와 연결해나가는 데에 가장 도움이 되는 언어입니다. 이것은 가정생활에서 싹텄지만, 학교에 다니면서 비로소 확실해졌습니다. 모국어뿐만이 아니라 과학도 산수도 체조도 음악도 자기를 확실하게 이해하고 다른 사람들과 연결하기 위한 언어입니다. 외국어도 마찬가지입니다.

　나는 이것을 배우기 위해서 어느 세상에서나 아이는 학교에 가는 것이라고 생각합니다.

어떻게 살아왔습니까?

1

할머니에 대한 수많은 추억들 중에서 뒤쪽에 자리 잡고 있는 것이 있습니다. 그때 나는 일고여덟 살쯤 되었을 것입니다. 전쟁 중의 일입니다. 할머니는 자신의 이름이 후데フデ(붓, 비유적으로 글이나 그림 또는 쓰거나 그리는 일/역주)라고 했습니다. 그리고 나에게만 비밀을 털어놓듯이, 이름 그대로 당신은 이 숲속에서 일어난 일을 기록하는 역할을 가지고 태어났다고 말씀하셨습니다. 할머니가 필기장이라고 부르시던 공책에 그것을 기록하고 계시다면, 나도 보고 싶다고 생각했습니다.

왠지 모르게 나는 조심스레 말을 돌려서 할머니께 여쭤보았습니다. "아니, 아직 확실히 기억하고 있으니까"

하는 대답이 돌아왔습니다. "좀더 나이를 먹어서 정확하게 기억하는 것이 어려워진다면 쓰기로 하지. 너한테도 도와달라고 하마!"라고 말씀하셨습니다.

　나는 진심으로 그 일을 도와드리고 싶었습니다. 그렇지 않아도 할머니의 이야기를 듣는 것을 좋아한 나였습니다. 할머니는 당신이 기억하는 일을 너무나 자유자재로 생생하게 이야기하는 분이셨습니다. 말씀하실 때마다 몇 번씩 다른 길로 빠지곤 했지만, 나도 잘 알고 있는 땅의 위치나 집이나 사람의 이름을, 그리고 그 커다란 동백나무 숲이 있는 근처라든지 그 집의 3대 전의 사에몬이라는 사람의 이야기를, 활기를 띠게 되면, 노래 부르듯이 이어나가셨습니다.

　그중 하나는 골짜기 마을 사람한테는 저마다 "나의 나무"로 정한 나무가 숲의 높은 곳에 있다는 것이었습니다. 사람의 혼은 그 "나의 나무"의 밑동―뿌리라고도 할 수 있습니다―에서 골짜기로 내려와서 인간의 몸속으로 들어가고, 죽을 때에는 몸만 사라질 뿐 혼은 자기 나무가 있는 곳으로 돌아간다는 이야기였습니다…….

내가 "나의 나무"는 어디에 있느냐고 여쭤보았더니, 할머니는 죽을 때 "똑바로 혼의 눈을 뜨고 있으면 알게 되겠지!"라고 대답하셨습니다. "지금부터 서둘러 그걸 알아서 무얼 하려고? 정말로 머리 좋은 혼은 태어날 때 어떤 나무에서 왔는지 기억하지만, 경솔하게 입 밖에 내지 않는다고 하는구나! 그리고 숲속에 들어가 우연히 '나의 나무' 아래 서 있으면 나이를 먹은 자신을 만나는 수가 있지. 그때, 특히 아이는 그 사람에게 어떻게 행동해야 할지 모르니까, '나의 나무'에는 가까이 다가가지 않는 편이 나아" 하는 것이 할머니의 교훈이었습니다.

솔직히 말해 나는 "나의 나무"를 기억할 만큼 머리가 좋은 혼이 아니어서 속상했습니다. 언젠가는 숲에 혼자 들어가서 근사해 보이는 큰 나무 아래에서 나이를 먹은 내가 찾아오지 않을까 기다린 적도 있습니다. 운 좋게 그 사람을 만난다면 질문을 하고 싶었습니다. 학교에서 배우는 표준어로 물어볼 준비도 하고 있었습니다.

"어떻게 살아왔습니까?"

일상적으로 사용할 때 "어떻게"라는 단어에는, "어떤 방법으로"와 "왜"라는 두 가지의 의미가 있지요. 어린 나는 그 두 가지 의미를 하나로 묶어서 물어보고 싶었습니다. 물론 두 가지 중 한쪽으로 정확함을 기해서 질문하는 편이 옳았겠지요. 그렇지만 나는 두 가지 의미를 함께 묶어서 듣고 싶었고, 그 사람은 멋지게 두 가지 질문을 하나로 묶어 대답해주지 않을까 생각했던 것입니다.

　60년 남짓 지나서 이제 나는 "나이를 먹은 나"가 되었습니다. 고향의 숲으로 돌아가서 근사하고 큰 나무―아직 어떤 종류의 나무인지 모릅니다―의 아래를 지나가게 되면 반세기가 넘은 예전의 아이인 내가 기다리고 있다가 이렇게 물어볼지도 모른다고 공상합니다.

　"어떻게 살아왔습니까?"

　그 대답을 하기 위해서 나는 길고 긴 이야기를 하는 대신 소설을 써왔던 것이 아닐까 하고 생각합니다. 그 까닭은 나쓰메 소세키의 『마음こころ』을 몇 번인가 읽다가 발

견한 것이 있었기 때문입니다. 잠깐 다른 이야기로 새지만, 자기 스스로 정말 좋은 책이라고 생각한다면 얼마 동안 시간의 말미를 둔 다음에 다시 읽어보십시오. 그때마다 **색깔이 다른 연필**로 밑줄을 긋거나 메모를 해두면 도움이 됩니다.

어쨌든 『마음』에서 나를 사로잡았던 것은 소설 속에서 "선생님"이라고 불리는 사람이 젊은이에게 말하는 부분이었습니다.

"기억해주십시오. 나는 이런 식으로 살아왔던 것입니다." 나는 소세키가 "나의 나무" 아래서 긴 이야기를 나누고 나서 소설을 써온 것이 아닐까 하고 생각했습니다.

그리고 『마음』에는 또 한 가지, 내 마음에 걸리는 문장이 있습니다. "내 심장이 멈췄을 때, 당신의 가슴에 새로운 생명이 깃들 수 있다면 만족합니다."

나도 글을 쓰면서 내가 떠나간 후에도 젊은이들의 마음속에 새로운 생명으로 살아갈 수 있다면 하는 꿈을 꿀 때가 있습니다. 그렇지만 그런 꿈을 입 밖으로 표현할 용기는 없었습니다. 구체적으로 말해서 이러한 희망

을 겉으로 드러내어 젊은이들, 그것도 아이라고 해도 좋을 나이의 사람들을 향해서 책을 쓸 용기가 없었던 것입니다. 이것이야말로 벌써 40년 동안이나 글을 써왔는데도, 내가 가진 어중간한 점이라고 생각합니다.

2

그러면서 점차 내 가슴속에, 젊은 사람들을 향해서, 그것도 아이들이라고 해도 좋을 나이의 사람들을 향해서, "나의 나무" 아래서 직접 이야기를 하듯이 쓰고 싶은 마음이 강렬해졌습니다.

1999년 늦가을부터 올해 초봄까지, 베를린 자유대학교에서 강단에 서게 되었습니다. 그곳 학생들과의 친교도 마음에 남아 있지만, 이외에도 소중히 간직하고 있는 체험이 있습니다. 베를린에서 일하는 일본인 중에서 가족 단위로 온 경우라면―아버지가 독일인, 어머니가 일본인인 가정도 있습니다―아이들은 일반적으로 독일어로 교육하는 김나지움에 다니거나, 일본인 학교에 다니고 있습니다.

이 아이들의 부모들은 아이들에게 일본어를 완벽하게 가르치기 위해 직접 운영자금을 대어 베를린 일본어 보충수업 학교를 만들었습니다. 이 학교는 공립학교가 쉬는 날 그 학교 건물을 빌려 사용하는 형태입니다. 운영에 관계하는 부모들과 알게 되었는데―특히 어떤 어머니는 혼자 사는 데에 필요한 용품을 사는 일 등을 도와주었습니다―그분들이 내게 그곳에 한번 방문해 아이들에게 이야기를 해주지 않겠냐는 제안을 해왔습니다.

실은 4년 전에 미국의 프린스턴에서 똑같은 경험을 하면서 하나의 "방법"을 고안한 적이 있습니다. 아이들은 어느 날 갑자기 잘 모르는 어른이 찾아와서 "강연"을 한다고 해도 재미있어할 리가 없습니다. 또한 이야기를 하러 오는 사람도 전혀 알지 못하는 아이들 앞에 서서 무엇을 실마리 삼아 이야기해야 좋을지 알 수 없습니다.

그래서 나는 내 이야기를 들어줄 아이들에게 미리 작문 숙제를 내주었습니다. 그러고는 붉은 잉크의 만년필로 부정확한 문장을 정정하거나, 틀리지는 않았지만 좀더 괜찮은 문장이 될 수 있는 부분을 고쳐주거나, 나아가 문장의 의도가 잘 드러나도록 문장의 순서를 재배치했습니다. 이러한 방법을 첨삭添削이라고 하지요. 똑같은 작업을 스스로 자기 글에 적용할 때에는—시, 산문에 상관없이—퇴고推敲라고 합니다. 그러나 나는 이 두 단어를 그다지 사용하지 않습니다.

나는 다른 사람의 글이라도 자기 문장을 고치는 것처럼 다듬습니다. 좀더 완전하게 정성을 들여 만듭니다. 그렇기 때문에 나는 영어의 elaboration이라는 단어를 좋아합니다.

왜냐하면 **첨삭**이라는 단어는 한 계단 높은 곳에 서서 선생님이 학생의 문장을 고쳐준다는 느낌이 들고, **퇴고**라고 하면(나만의 느낌인지 모르겠지만) 왠지 취미 같은 느낌이 듭니다. 반면 elaboration이라면 상대방과 똑같은 위치에 서서 함께 문장을 다듬고 상대방과 자기를 인간으로서 조금씩 높여간다는 느낌이 듭니다.

나는 프린스턴에서의 경험을 승화시켜 베를린에서도 똑같이 해보았습니다. 베를린에서의 작문 주제는 "독일인과 일본인의 비교"였습니다. 아이들은 각자 무엇을 쓸지를 두고 선생님, 다른 친구들과 서로 이야기를 나누었습니다. 그 결과 일본 학교에서의 체험에 대한 이야기들이 잘 되살려져서 재미있는 작품들이 모였습니다.

선생님과 아이들이 서로 이야기를 나누었다는 것은 모든 작문의 **첫머리**가 잘 정리되어 있었던 사실을 통해 알 수 있었습니다. 또한 자기 체험을 종종 되새겨왔던 아이들은 독일인에 대해서도 일본인에 대해서도 매우 공평하게 살피고 있었습니다. 외국의 도시에서 두 가지 언어를 사용하며 살아온 아이들만의 독특한, 언어에 대한 민감한 감정도 느낄 수 있었습니다(이번 여름, 어머니들이 모여서 나의 elaboration을 살리면서, 다시 말해서 어디를 어떻게 고쳤는지도 알 수 있게 편집하여 아름다운 작문집을 만들었습니다).

나는 작문을 써온 아이들의 노력에 보답하기 위해서 내가 아이였던 때의 추억과, 장애를 가지고 태어난 내 아이에 대한 이야기를 써서 모두의 앞에서 낭독했습니다. 이 모임을 기사로 다룬 독일 기자의 부탁으로 이 글을 독일 아이들의 질문에 대답하는 형식으로 고쳐서 독일 남

부 지방의 신문에 싣기도 했습니다. 베를린에서 사는 일본 아이들의 작문을 다듬은 일을 계기로, 젊은이들, 그것도 아이들이라고 해도 좋을 나이의 사람들을 향해 글을 쓴다는 마음이 이렇게 고양되어 하나의 결실을 맺은 것입니다. 그 결실은 이 책의 첫머리에 정리해두었습니다.

3

일본으로 돌아온 뒤, 내가 비슷한 글을 계속해서 쓰도록 새삼스럽게 마음을 다잡게 된 계기는 2000년 여름에 나가노 현의 고원高原에서 오케스트라 지휘자인 오자와 세이지 씨와 며칠 동안 이야기를 나눈 것이었습니다. 오자와 씨와의 이야기는 신문에 실리기도 했으니까 어떤 아버지와 어머니들은 이미 읽기도 했을 것입니다.

 이제까지 나는 여름이건 겨울이건 조용한 호텔에서 아내와 히카리와 함께 한가롭게 지낸 경험이 없었습니다. 그러다 밤 동안 어두운 보랏빛 색연필처럼 촘촘히 말려 있던 국화과의 화초가 잔디밭 한쪽에 노랗게 피어나는 아침에 산책을 했고, 오후에는 오자와 씨와 이야기를 나누었으며, 밤이 되면 오자와 씨와 미국 유명한 사중주단의 제1바이올린을 담당했던 분이 젊은이들에게 음악을 함께 가르치는—현악 사중주나 첼로 협주곡을 지휘하여 서서히 연주를 완성해가는—장면을 보았던 것입니다.

오자와 씨가 지휘하는 악단의 젊은 연주가들의 연습 연주를 듣고, 또 **보기도 하면서** 나는 elaboration의 훌륭한 예를 보고 또다시 감동했습니다.

아직 소녀 같은 바이올린 주자, 비올라와 첼로의 젊은 주자들과 사중주 연습을 하다가 중단하고 어떤 음악을 만들고 싶은가를 생각한 뒤에 그러기 위해서 어떻게 활을 켜고 또한 동료들의 음을 어떻게 들어야 하는지를 오자와 씨는 그들이 참으로 잘 알아들을 수 있도록 말과 표정, 몸동작으로 이끌었습니다. 학생들은 탄탄한 기술을 바탕으로 연습을 반복함으로써 서로 맞춰가다가—스스로 만들어가다가—마침내 이전보다 훌륭해졌음을 누구나 알 수 있는 음악으로 완성했습니다.

이 광경을 지켜보면서, 동시에 그들의 음악을 즐기면

서 이 젊은이들의 인간 그 자체, 인생 자체가 elaboration을 하나씩 이룩해가는 귀중한 순간에 함께 있다는 생각이 들었습니다.

나는 오자와 씨가 자신의 심장이 멈추더라도 이 젊은이들의 마음에 새로운 생명으로 깃들어 다시 움직이게 해달라고, 마음속으로 빌면서 가르치고 있다고 생각했습니다.

오자와 씨는 이제 시간이 없고, 궁지에 몰린 기분이라고 말했습니다. 오자와 세이지는 유럽인들이 만든 음악을 자신의 것으로 소화하여 세계적인 반열에 올리고, 유럽인들로부터 인정을 받은 최초의 일본인입니다. 그는 그것을 젊은이들이 이어가게 하겠다는 일념으로, 알찬 일을 하면서 세계를 누비고 다닙니다. 엄청난 생활 속에서도 이곳 고원까지 와서 진심으로 즐거워하면서…….

그리고 나는 일본에서는 현장에서 학생들을 가르칠 기회가 없겠지만, 지금까지 소설가로서 알게 된 것들을 좀더 확장해서 젊은이들에게 전하고 싶다고 생각하게 되었습니다.

숲에서 바다표범과 함께 지낸 아이

1

이미 스무 해도 더 된 일입니다. 주고쿠(일본의 중부. 교토, 돗토리, 시마네, 히로시마, 오카야마, 야마구치 지방을 가리킨다/역주) 지방으로 강연을 갔을 때인데, 만난 것은 확실한데 어디에서 만났는지는 기억이 나지 않는다며 초로의 한 남자가 말을 걸어온 적이 있었습니다. 골격이 좋고 근육도 발달했지만, 운동으로 단련했다기보다는 몸을 사용하는 일을 지속적으로 해온 듯한 느낌의 사람이었습니다.

그는 강연회가 끝난 혼잡함 속에서 흔히 어른이 가까운 아이에게나 하듯이 나의 목 뒤를 손바닥으로 세게 철썩 때리고는, 뒤돌아본 나를 쳐다보았습니다. 그리고 그

손바닥으로 나를 잡은 채로 뭔가 새로운 것을 기대하기라도 하는 듯한 표정으로 이렇게 말했습니다.

> "오메 맞네, 강가 거리의 그 녀석이고만. 산속에서 바다표범 키운다던……거 동네서 소설가가 나왔대서 갸가 아닐까 혔는디, 이름은 모르겄고, 소싯적에 니 안경 끼지 않었냐?"

그리고서 그 사람은 소리를 내어 웃으면서 작은 지방 도시의 조용한 밤거리로 사라졌습니다. 그때서야 내 마음속에 그리움이, 하지만 복잡한 감정의 덩어리가 기세 좋게 끓어올랐습니다. 초로의 그 사람의 몸을, 골격과 근육을 젊고 유연하게 고쳐 그려보니 기억에 남아 있는, 염소를 닮은 청년의 얼굴까지 떠올랐습니다…….

나의 기억을 확실히 되살린 것은 역시 그 사람의, 어른이 아이를 놀리는 듯한, **"산속에서 바다표범 키운다던"** 하는 말이었습니다.

2

우선 바다표범에 대해서 설명해야겠지요. 떠올리는 데 시간이 한참 걸렸습니다만, 내가 열 살이던 봄부터 초여름에 걸친 때 일이니까―여름에는 전쟁에 패배해서 정말 온갖 일이 계속되는 바람에, 나는 더 이상 아이다운 아이로 살지도 못하게 되었지만―어쨌든 내가 어렸을 때였던 것은 확실합니다. 한 해 전에 할머니와 아버지가 짧은 시간을 두고 각각 돌아가신 일도 있고 해서, 고통스럽고 무서운 사건에 대해서는 나이에 걸맞게, 혹은 어른스러운 감정마저 가지곤 하면서도, 아이다운 몽상에 빠져드는 것을 어쩔 수 없었습니다.

계기는 전쟁 전에 나왔던 두꺼운 어린이용 잡지를 읽은 것이었습니다.

여기에서 말하는 **전쟁** 역시 내가 여섯 살 때 미국, 영국 등의 나라와 싸운 태평양 전쟁이지만, 그 이전부터 중국과의 전쟁은 줄곧 계속되고 있었습니다. 내 나이로 말하면 두 살 때, 이미 중국 영토로 들어가 있던 일본군대가 전쟁을 일으키고 말았습니다. 더욱이 아이였던 나는 그때는 아무것도 모르다가, 조금씩 국가와 외국, 그리고 세계라는 단어를 알아가면서 우리 나라가 세계를 적으로 삼아 전쟁하고 있음을 깨닫게 되었습니다.

기나긴 전쟁 기간, 특히 태평양 전쟁이 시작된 뒤 새로 나오는 잡지는 얇아지고, 재미있는 기사가 드물어졌습니다. 발행부수도 적어져서 내가 살고 있던 시코쿠의 숲속까지는 여간해선 배달되지도 않는 것 같았습니다.

그러던 중 이미 몇 년이나 전에 발행된 잡지의 어떤 기사를 읽고 깊이 빠져들었습니다. 캐나다의 극북 툰드라, 1년의 태반이 두꺼운 얼음으로 덮여 있는 지역에서 사는 에스키모(현재 사용되는 단어로는 이누이트겠지요) 아이가 바다를 향해서 길게 뻗어 있는 빙판 끝에서 바다표범을 잡는 방식을 다룬 글이었습니다.

"바다표범을 잡기 위해서는 그저 맑은 날에 빙판 위를 걸어서 바다 바로 가까이까지 간 다음, 얼음 표면에 뚫려 있는 작은 구멍을 발견하기만 하면 된다. 구멍은 얼음 밑에 바다표범의 거처가 있다는 **표지**이다. 갓 태어난 바다표범이 호흡하기 위한 구멍인 것이다. 새끼 바다표범이 구멍 바로 밑에서 얼굴을 내미는 때를 기다렸다가 얇은 얼음을 작살로 찌르면, 바다표범은 너의 것이 된다"라고 쓰여 있었습니다.

  나는 금세 눈과 코를 작살로 찔린 작은 바다표범의 몸을 상상하고, 그런 짓을 하고 싶지는 않다고 생각했습니다. 그렇지만 새끼 바다표범을 생각해보지 않을 도리는 없었습니다. 호흡을 위한 작은 구멍을 조금씩 넓혀가면서, 미리 낚아서 얼려둔 작은 물고기를 주면 얼굴을 익히게 되겠지. 마침내 얼음 위로 올라온 바다표범의 털을 햇볕 속에서 **쓰다듬어주는** 거야. 그러다가 새끼 바다표범을 데리고 빙판을 산책하게 되고…….

  그리고 언제부터인가 나는 숲속 길을 걷고 있어도 금세 뒤에 새끼 바다표범이 있다는 생각에 빠져, "유콘"—그 글에 나오는 지명을 따서 붙인 이름이었습니다—을 불러서는 온갖 이야기를 나누게 되었습니다. 이런 행동은 아이들 사회에 금방 알려지고 말았습니다. 나는 학교 선생님을 포함해서 어른들한테서도 "개처럼 데리고 다니는" 새끼 바다표범 때문에 **놀림을 받게** 되었습니다.

3

그러던 중, 우리 마을에도 "예과련豫科練"의 젊은이들이 들어와서 마을에 단 한 군데 있는 여관에서 묵게 되었습니다. 그들은 골짜기 주변의 소나무 숲에서 목재를 잘라 낸 뒤에 남아 있는 밑동을 캐내어 그것을 골짜기로 운반해와서는 "송근유松根油"를 만들었습니다. 이쯤에서 두 개의 단어를 설명해야겠군요. "예과련"과 "송근유" 말입니다.

"예과련"은 해군 비행 예과 연습생을 줄인 말입니다. 아직 미성년인 비행병들을 훈련하기 위한 제도였는데, 나의 맏형이 열일곱 살 때 여기에 지원했습니다. 하지만 전쟁이 끝나갈 무렵에는 그들을 훈련시킬 비행기조차 없어서, 젊은이들은 비행기의 연료로 쓰이는 "송근유"를 만들기 위해서 여러 곳의 숲으로 보내졌습니다.

소나무 뿌리에는 소나무 기름이 많습니다. 그것을 수증기로 증류시켜서, 지금 우리가 흔히 볼 수 있는 테레빈유와 비슷하게 만듭니다. 강을 따라가면 나오는—**강가**의—우리 마을 위쪽에 그 공장이 있었는데, 언제나 휘

발성 연기 냄새가 골짜기를 뒤덮고 있었습니다.

예과련의 청년들은 마을 어린이들의 영웅이었습니다. 그러나 어느 날 그들 가운데 나이 든 사람들이 좀더 어린 사람들을 공장 뒤편에 세워두고 구타했다는 소문을 들은 뒤, 나는 때리는 사람한테도 맞는 사람한테도 거리감을 느끼게 되었습니다. 그래서 그들이 휴일에는 아이들과 놀아주는 장소―농가의 어머니들이 음식을 가지고 위문차 방문하던 여관의 2층―에도 들르지 않게 되었습니다.

그러던 어느 날, 우체국으로 가던 나는 그 2층의 예과련 청년들이 보낸 패거리 손에 끌려가 그들 앞에서 바다표범 이야기를 하게 되었습니다.

오랜 시간이 흘렀지만, 분명 예과련 청년들 중 한 명이었던 그 늙수그레한 사람이, 육체노동을 주업으로 삼으면서 한평생을 보내다가 자기들이 고된 청춘을 보낸 숲속 골짜기에서 소설가가 나왔다는 이야기를 들었던 것이겠지요. 그리고 내 강연회에 들렀다가, 지금도 사람들 앞에서 이야기를 할 때면 어릴 적과 똑같이 **산속에서 바**

다표범을 키운다는 등 **우스운** 이야기부터 시작하지 않으면 견디지 못하는 나를 보고 아이들 사이에서도 웃음거리가 된 적이 있었던 **강가 거리의 그 녀석**을 보았던 것 같습니다.

4

그 당시 내가, 낮에는 자기가 지어낸 환상의 바다표범의 이야기를 해서—어느 정도는 진짜 바다표범과 함께 있다고 믿었던 모양입니다만—아이들한테서 놀림을 받고 좀 별나게 웃긴 녀석이라 여겨졌던 것은 사실입니다. 그러나 밤이 되면 나는 심각한 생각에 빠져 잠들지 못하고 괴로워하며 지내기도 했습니다.

그것은 머지않아 군인이 되어 전쟁터에 나가서 "**돌격!**" 하는 소리를 들으면—아이들의 "전쟁놀이"에서 클라이막스는 언제나 **돌격**이었습니다—발이 느린 나는 대열에서 나오될지도 몰라, 그럼 어떻게 되는 거지 하는 공상이었습니다.

나는 여동생이나 남동생과 이불을 나란히 한 좁은 침실에서―거기에서는 이미 오랫동안 가족 중 누구도 올라가지 않은 2층의, 계단을 없앤 입구가 어두운 동굴처럼 열려 있는 것이 보였습니다―혼자 눈을 뜨고 가만히 그 공상을 계속했습니다. 괘종시계가 한 시간마다 소리를 내는데, 그 소리와 소리 사이가, 정직하게 말해서, 생의 전체처럼 길게 느껴졌습니다.

나의 공상은 이렇게 전개되었습니다. 동료 군인들이 **돌격**을 감행했을 때, 뒤쫓아가는 일을 여전히 포기하지 않은 내가 소총을 들고 넓은 초원을 느릿느릿 달려갑니다. 육군이니까 벌써 스무 살은 넘었을 텐데, 나는 아직 소년의 몸집 그대로입니다. 소년병으로 전쟁터로 내몰린 바 있는 독일의 소설가 귄터 그라스와 대화를 나누었을 때, 나는 내 어릴 적 공상과 그의 이야기를 비교하며 몸집이 작은 귄터의 주름이 잔뜩 잡힌 얼굴을 뚫어져라 응시한 적이 있습니다…….

무서운 공상 중 하나는, **돌격**을 끝내고 동료들이 휴식을 취하고 있는 곳에 내가 간신히 도달했을 때, 모두 나

를 **돌격**이 무서워서 일부러 늦게 온 뻔뻔스러운 녀석으로, 게다가 가능하면 전쟁터에서 도망치려고까지 하는 녀석으로 비난하는 내용이었습니다.

권터 그라스는 독일이 제2차 세계대전에서 패배했을 때—일본은 독일과 동맹을 맺고 공동의 적과 싸웠습니다—자신들이 점령했던 프랑스 땅에서 도주하던 중 소속 부대에서 낙오된 독일군 소년병들이 탈주병으로 처형되어 길가의 전봇대에 매달려 있었다는 이야기를 썼습니다. 그리고 이 가여운 소년들이 탈주병이 아니었다는 명예회복 운동을 이끌었습니다. 나는 권터의 요청으로 그 운동을 지지했습니다.

더욱더 무서운 공상은 혼자서 느릿느릿 달려가는 초원의 키가 큰 풀이나 관목 사이로 적이 나타나서 내가 그 소년을 쏘는 것이었습니다. 그것은 나 자신이 습격을 받고 살해당하는 것이기도 합니다. 잠에 들지 않은 한, 언제나 공상은 거기서 막다른 골목에 다다릅니다. 그리고 거기서부터 무섭고 고통스러운 꿈이 시작되는 것입니다.

꿈은 적이라고 생각하고 쏘아버렸던 상대방이 나와

똑같이 **돌격** 대열에서 뒤쳐진 아군 병사였다는 사실을 깨닫는 내용과, 그렇지 않고 적인데도 지금까지 살아 있는 인간으로는 본 적이 없는 미국인 청년이 내가 쏘아죽인 시체가 되어 발치에 굴러다니고 있다는 내용이었습니다. 훨씬 더 무서운 꿈도 꾸었던 것 같지만, 눈물을 흘리며 일어나서 곰곰이 생각하기에는 너무나 무서웠던 그 꿈은 더 이상 떠올릴 수 없습니다. 그렇지만 다시 똑같은 꿈을 꾸게 되리라는 것을 알고 있습니다…….

여름이 되고 전쟁이 끝나자 그날 밤부터 나는 **돌격** 대열에서 낙오되는 꿈을 꾸지 않게 되었습니다. 그리고 캐나다의 툰드라 지대에서 길들였던 바다표범과 언제나 함께 있는 공상 역시 가을 무렵에는, 너무 어린애 같은 이야기에 지나지 않는다고 생각하고는 나마저 냉정하게 취급하게 되었습니다.

어떤 사람이 되고 싶었던가?

1

중학교 고학년쯤의, 아니 주로 고등학교 저학년의 학생들한테서 종종 앙케이트 엽서를 받습니다. 그리고 몇 개의 질문 중 하나가 아래와 같은 문항입니다.

"당신은 어렸을 때, 어떤 사람이 되고 싶었습니까?"

이런 엽서를 읽게 되면, 나는 언제나 네댓 명의 소년소녀가 방과 후 교실에 앉아서 머리를 맞대고 모둠 활동을 의논하는 정경을 떠올립니다. 이렇게 질문들을 만든 다음에 그들이 이야기를 하거나 혹은 잠자코 자기의 마음속에서 더욱 깊이 생각해보는 모습을 그려봅니다.

예를 들면 내가 "나는 지금 되고 싶었던 사람이 되었다"라고 대답했다고 가정합시다. 질문을 한 이들 가운데 몇 명은 "아, 어른들도 이렇게 자기만족을 하는 유형이 있구나" 하고 느끼겠지요. 반면 내가 "어릴 적에 원했던 사람이 되지는 못했다"라고 대답한다면, "너무 안됐구나" 하고 생각할 것입니다. 아니면······.

소년소녀들은 나의 대답을 읽기 전부터 벌써 이런 것들을 상상하고 있지 않을까요? 자기가 묻는 질문에 어떤 대답이 돌아올지 곰곰이 생각해보지도 않고 질문하는 일―"실제로 질문을 던지고 대답을 듣기 전에 어떤 대답을 들을지 스스로 생각해보지 않는 일"이라고 말해도 거의 동일한 의미겠지요―은 그다지 좋은 일이 아니기 때문입니다.

어쨌든 나는 이런 일들을 이것저것 생각하는 사이에, 결국 앙케이트에 대답하기를 그만두었습니다. 그러나 어떤 경우에나 우선 다음과 같이 머릿속에서 문장으로 만들어보려고 합니다.

어릴 때 나는 어떤 사람이 되고 싶은지 생각하곤 했는데, 그때마다 대체로 다른 사람이 되고 싶었습니다. 그때는 전쟁 중의 아이였어서 그랬는지, 같이 놀았던 친구들 누구나 그랬듯이 전투기 조종사가 되고 싶은 때도 있었습니다. 하지만 이것은 표면적인 마음이고 그 밑의 깊은 곳에서는 "아니, 나는 그런 사람은 되지 못할 거야" 하고 부정하고 있었습니다. 전투기 조종사가 되는 데에 필요한 기민한 운동신경이 없었고, 좁은 조수석에서 재빨리 사태를 정리하고 문제를 계산해서 적의 전투기와 싸우는, 이렇게 머리를 움직여야 하는 일은 나에게 맞지 않을 것이라고 생각했기 때문이었습니다.

그리고 한편으로 그 시절의 나에게는 어떤 일을 하는 사람이 아니라 어떤 마음가짐과 태도를 가진 구체적인 한 사람이 머릿속에 있어서 어른이 되면—아니, 이제부터라도—그 사람처럼 되고 싶고, 그 사람처럼 용기 있는 일을 할 수 있다면 좋겠다고 생각했습니다.

"존경하는 사람"에 대해서 쓰라는 작문 숙제로 이것을 쓴 적도 있었습니다. 담임 선생님이 그것을 교실에서 낭독하시는 바람에 반 아이들이 전부 웃었던 것은 물론이고 그것도 모자라서 고학년 여학생들이 일부러 반 앞의 복도에 서서 내 쪽을 가리키면서 웃는 일까지 생겼습니다. 나는 돌려받은 작문 숙제를 찢어버리고, 두 번 다시 그 일을 입 밖에 꺼내지 않았습니다. 하지만 나는 오랫동안 그 사람을 잊지 않았고, 지금도 내게 감동을 주었던 광경을 선명하게 기억해낼 수 있습니다. 그분의 이름은 확실히 기억하지 못하기 때문에―고노라고 불렸던 것 같은데―아직 내가 국민학교(당시에는 그렇게 불렀습니다) 3학년이 되기 전의 일이 아니었을까, 하는 식으로 다른 기억과 연관지어서 떠올립니다.

2

고노 아지씨는 이미 꽤 노인처럼 보였는데, 우리들은 사환 아저씨라고 불렀습니다. 영어 표현으로 pepper and salt, 그것도 **후추**보다는 소금이 더 많은, 강해 보이는 반백의 머리를 짧게 깎고, **뺨**과 턱에는 제멋대로 자란 수염이 가득한 분이었습니다. 몸집이 작고 검은 스탠딩 칼라의 옷을 입은 그분은 우리가 보기에 항상 교정 구석에서 대나무 빗자루로 청소를 하는 느낌이었습니다. 나처럼 저학년 학생들은 모두가 무서워할 정도로 기분이 좋지 않아 보였고, 선생님들이 말을 걸어도 대답을 잘 하지 않는 이상한 사람이었습니다. 이윽고 나도 학교에 익숙해지자, 검은 스탠딩 칼라의 옷이 역무원의 제복처럼 보이는 노인을 신경 쓰지 않게 되었습니다.

"들개 사건"이 터진 것은 바로 이때였습니다. 들개(야마이누)는 원래 일본늑대를 가리키던 말이었는데, 일본산의 몸집이 작은 늑대는 훨씬 이전에 멸종한 터였습니다. 따라서 진짜 야마이누가 마을에 나타난 것이 아니라, 전쟁이 계속되는 중에 먹을 것이 줄어들어 개를 키울 여유가 있는 집이 적어지자 마을을 둘러싼 산비탈에서 야생으로 살게 된 개를 가리켜 들개라고 했던 것입니다. 이 들개들은 어른이나 아이나 모두에게 두려운 존재였습니다.

 그런 들개 중에서도 특히 커다란 놈이 어느 날 점심시간에 교정으로 내려와 학생들의 뒤를 쫓아다녔습니다. 다행히도 아무도 물리지는 않았지만, 울부짖는 여학생들의 목소리가 교정에 울려퍼졌습니다. 학생들이 간신히 교실로 대피한 후, 우리는 아무도 없는 교정에 그 큰 들개가 뛰어다니는 모습을 창문을 통해서 지켜보았습니다. "저건 광견병에 걸렸을지도 모르겠어." 이렇게 말하는 선생님도 있었습니다.

 그러던 그 들개가 교정 구석 수돗가의 작은 건물에 숨어 있던 고등과―우리 마을에서는 중학교도 여학교도 아닌 국민학교를 졸업하고 나서 좀더 공부하는 학생들을 이렇게 불렀습니다―의 여학생 서너 명이 교실 쪽으로 도망치는 것을 발견했던 모양입니다. 교정 전체를 비명 소리가 가득 메웠습니다.

 그때 고노 아저씨가 대나무 빗자루를 들고 또 한 마리의 검은 들개처럼 그쪽을 향해서 뛰어갔습니다. 그리고 아저씨는 짖어대면서 물어뜯으려고 하는 들개와 격투를

벌여 마침내 그 들개를 교사校舍 사이의 통로로 쫓아 뒷산으로 보내버렸습니다. 선생님과 학생들은 그럼에도 여전히 들개의 반격을 두려워하면서 교실에 틀어박혀 있었지만, 고노 아저씨는 울면서 웅크리고 앉아 있는 여학생들에게서 약간 떨어져서 머리를 숙이고 한참 동안 말 없이 서 있었습니다.

  나는 저런 사람이 되고 싶다고 마음속으로 빌었습니다. 나는 나무를 공부해서 삼림조합에서 일할 계획을 세우고 있었는데, 그 속에는 숲에서 여학생들을 들개로부터 지키는 꿈도 들어 있었습니다.

3

지금의 나 역시 **후추**보다 소금이 더 많은 머리가 되어—그때의 고노 아저씨보다 열 살은 더 위이지 않을까요—이런 생각을 합니다. 누구에게나 어릴 적 이런저런 시기에 닮고 싶다고 생각하며 마음에 새긴 모델이 몇 명쯤 있을 것입니다. 내가 살아온 나날들을 돌아보면, 그

모델이 누구였든 그 사람 자체가 되지는 못했습니다. 그러나 그 사람처럼 되고 싶다고 생각하고 그 사람처럼 조금씩 변해가고는 있는 것 같습니다.

그러니 어렸을 때 어떤 사람의 행동과 태도에 강한 인상을 받고서 그 사람처럼 되고 싶다고 결심하는 것은 좋은 일입니다.

인격人格, 사람됨이라고 해도 좋겠지요. 아이는 아이 나름대로 다른 사람 안에 무엇이 있는지를 **눈치챕니다**. 그리고 나는 어린 시절의 내가 사람을 정확히 보는 면이 있었다고 느낍니다. 물론 틀린 부분도 있었는데, 그것은 저 사람은 몹쓸 놈이라는 식의 어른들의 말에 영향을 받아 그렇게 생각했던 것입니다. 지금에 와서야 나는 부끄러움과 더불어 그 생각을 취소합니다. "저 사람은 훌륭해"라는 어른들의 말에 이끌려서가 아니라 스스로 진심으로 그렇게 생각했을 때, 항상 그것은 옳았다고 말할 수 있습니다.

4

자기만의 눈과 생각을 분명하게 가진 소년이 "이 사람은 훌륭한 사람이다"라고 깊이 생각하고 글로 옮긴 예를 하나 들겠습니다.

1923년, 간토 대지진關東大地震이 일어났습니다. 그것을 도쿄에서 경험한 초등학교 4학년생이 쓴 글입니다.

> 이번 지진은 후카와, 혼조 부근에서 가장 컸다. 지진이 난 날, 후카와의 사루에 초등학교 교장선생님이 학교는 철근 콘크리트로 이루어져 있어서 안전하다고 말씀하셨다. 그래서 사람들이, 짐을 잔뜩 들고 모여들었고, 우천 체육관 등은, 사람과 짐으로 가득 찼다. 하지만, 지진 후에 큰 화재가 엄청난, 기세로 몰려왔기 때문에, 이거야 큰일이다, 이만큼의 사람들을 빨리 도망치게 해야만 한다며, 다른 선생님들과 함께, 피난민들을 도망치게 하고 그러면서, 어진영御眞影을 교감선생님에게 건네주고, 다른 선생님들과 함께 피난시켰지만,

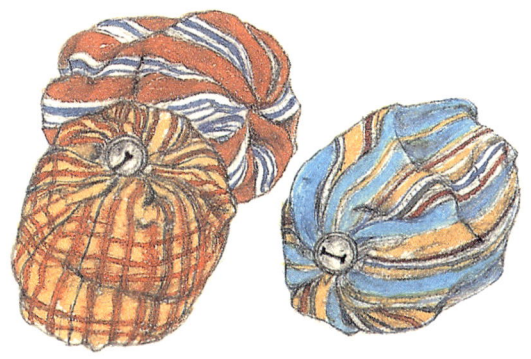

여기서 인용을 일단 중지하고, 글을 쓸 때 주의해야 할 점을 말씀드리겠습니다. 도서관이나 아버지 서재에서 책을 보면, 본문보다 작은 크기로 지면의 아래쪽이나 각 장의 끝부분에 붙어 있는 "주"라는 것이 있지요? "주"를 쓰는 방법입니다.

우선 이것은 내가 옛날 표기법과 함께 그대로 인용해놓은 책의 편집상의 실수일지도 모르겠지만, **엄청나게 많은** 쉼표들은 없는 편이 낫습니다. 또 **어진영**이란, 패전 전까지 어느 학교에나 있었던 천황과 황후의 사진을 가리킵니다. 어릴 적에 나는 학교에 불이 나서 어진영이 소실되는 바람에 교장선생님이 책임을 통감하며 자살했다는 끔찍한―그리고 불합리한―소문을 들은 적이 있습니다.

그리고 문장을 이어가는 방법으로는, 그중 한 구절을 인용해보면, "**다른 선생님들과 함께 피난시켰다. 하지만**" 하고 일단 마침표를 찍는 편이 낫습니다. 그다음 문장도 꽤 기니까요. 글을 쓰는 소년은 이야기를 듣고 감동해서 그때 마음의 움직임을 그대로, 기세를 몰아서 쓰려고 했던 것 같습니다. 아까 마침표로 잘라낸 문장 다음은 이렇게 계속됩니다.

> 자신은 도저히 도망칠 시간이 없다고 생각하고, 각오를 굳히셨던 것이리라.

이대로도 괜찮지만, 나라면 더 긴 문장이 되더라도 여기서는 반대로 "―이리라" 뒷부분은 쉼표를 찍고 다음 문장을 이어나가겠습니다.

> 나중에 찾아보니, 운동장에 단정하게 앉아서, 열쇠를 손에 쥐고, 팔짱을 낀 채로 죽어 계셨다는 것이다. 자기 멋대로 도망치지 않고, 사람들을 내보낸 다음 도망치려고 했지만, 도망칠 시간이 없어서 결국 참사당하셨다는 것은 정말로 아름다운 이야기이다.

참사慘死란―참혹하게 죽는다는 뜻입니다.
돌아가신 교장선생님이 어떤 자세로, 무엇을 쥐고, 팔

을 어떻게 하고 계셨는지를 듣고서 자세히 또박또박 써 내려간 것을 보면 이 소년이 이 이야기를 들으면서 자기 눈으로 보는 것처럼 그 모습을 머릿속으로 그리면서 하나하나 정확하게 가슴에 새겨두었음을 알 수 있습니다. 게다가 이 소년은 지진과 화재가 일어난 그날 교장선생님이 한 일이 사람들의 행동 속에서 얼마나 중요한 의미가 있었는지를 정리해서, 그것은 **참으로 아름다운 이야기**라고 자기의 의견을 쓰고 있습니다.

이 소년은 또 하나의 좀더 긴 기록을 쓴 뒤 그것을 "안세이 대지진安政大地震으로부터 70년 후"라고 끝마쳤습니다. 간토 대지진은 이 글을 쓰고 있는 2000년으로부터 77년 전의 사건입니다. 그 소년은 성장해서 정치사상사 학자가 되었습니다. 나는 미국의 대학교에서 마루야마 마사오라고 하는 이 학자에게서 배운 연구자들과 몇 차례 식사를 함께했습니다. 그리고 그들이 이 대학자를 추억 속에서, 이 소년의 모습도 포함해서, 진심으로 경애하고 있다는 사실을 느꼈습니다.

"말"을 옮겨 적다

1

어릴 때 나에게 아버지는 가까이 다가가기 힘든 사람이었지만, 아버지께 여쭤볼 수밖에 없는 문제가 생기면 나는 용기를 내서 질문을 했습니다. 나중에 생각해보면 대체로 **웃기는** 질문들이라서 왠지 기분이 이상하기도 합니다만.

"나무는 어째서 곧장 위로 자라지요?"

식물이 태양의 빛 에너지를 흡수해서 유기물이나 산소를 만든다는 것은 이미 알고 있었습니다. 그런 것들과는 다른 대답이 듣고 싶었던가 봅니다. 아버지는 잠자코 계셨지만, 내심 웃기는 애라면서 재미있어하셨다고, 아버지가 세상을 떠나신 후에 어머니가 내게 말씀해주셨습니다.

이제는 어째서 그게 나한테 중요한 문제였는지 정확하게는 기억하지 못하지만, 그후에도 수양버들처럼 나뭇가지가 아래를 향해서 자라는 나무에는 신경이 쓰였습니다. 어렸을 때부터 영어로는 sweeping willow, 프랑스어로는 saule pleureur라고 해서 둘 다 "우는, 눈물을 흘리는" 버드나무라고 부른다는 사실을 알고 있었기 때문입니다.

토성의 위성들 중 하나를 배경으로 한 SF 소설에서 약한 태양광선을 모아서 곧장 위로 몇 킬로미터씩 자라는 나무가 있다는 상상 속의 장면을 읽었을 때에도 아버지한테 이야기하고 싶었습니다.

전쟁이 끝날 무렵 그리고 전쟁이 끝나고 얼마 동안은 공습 피해를 겪은 대도시의 집을 정리하고 시골로 옮겨와서 살던―소개疏開라고 합니다―사람들이 그대로 남아 있었습니다. 그중에 특히 책을 많이 가지고 온 사람이 있었는데, 그분은 책이 없어지면 큰일이니까 빌려줄 수는 없지만 자기가 옆에 있을 때에는 자유롭게 읽어도 좋다고 어머니를 통해 내게 말해주었습니다.

그렇게 말한 이유는, 내가 온갖 질문을 던지는 것에 더해 교과서나 선생님의 이야기에 내가 모르는 고전이 인용되면 그것이 본래 어떤 어휘로 되어 있는지 알고 싶어 했기 때문이었습니다. 우리 마을에는 도서관이 없었습니다.

그래서 그분이 사는 농가의 별채를 찾아갔을 때, 책장에 꽂힌 엄청난 양의 이와나미 문고에 넋을 잃고 말았습니다. 평생 이 책들을 전부 읽을 수 있을까 하는 생각이 들었습니다. 책 주인은 그렇게 멍청하게 서 있는 나를 꾸짖었습니다.

"뭘 찾고 싶은지 준비를 해서 오도록!"

나는 방법을 생각해냈습니다. 내가 찾고 싶은 문장은 교과서에 나와 있는 번역문을 그대로 암기하기로 한 것입니다. 그리고 가능하면 원래 책의 전체 부분 중에서 어디쯤에 있을지 미리 생각해두기로 했습니다. 그렇게 해서 다음부터는 책에서 대체로 필요한 곳을 찾아내 종이에 옮겨 적게 되었습니다.

2

이런 식으로 기억한 고전 문장들은 여간해서는 잊어버리지 않게 되었습니다. 지금도 새로운 책으로 쉽게 읽도록 편집된 고전을 발견해서 다시 읽어보면, 벌써 50년도 넘은 이전에 종이에 옮겨 적었던 구절과 마주쳐 그리운 기분에 잠길 때가 있습니다.

결혼한 직후에, 아내가 소녀였을 때 교과서에서 배웠던 스기타 겐파쿠(1733-1817, 네덜란드학 학자 겸 의사/역주)의 『난학사시蘭學事始』(1815년 저작, 1869년 간행/역주) 이야기를 한 적이 있습니다. 의학을 공부하고자 모인 18세기 후반의 젊은이들이 네덜란드어 책을 번역하려고 고통스럽게 공부한 추억을 적어놓은 책인데, 이야기를 들던 내가 기억하고 있던 원문을 금세 인용했더니 아내는 어리둥절한 표정을 지었습니다.

여러분에게도 원문은 낯설 테니 요즘 말로 바꿔보면, 번역이 안 되는 곳에 "언젠가 이해할 날이 오겠지. 우선 부호로 표시해두자"라는 부분으로, 여기서 부호는 비십문자라고 불리는 것이었습니다. 비십문자란 원 안에 십자를 그리는 것인데, 나도 곧바로 그것을 적용해 사용했습니다.

어린 나는 150년 전에 가까운 옛날에 쓰인 책이라고 해도 소리를 내서 읽어보면 왠지 기분이 좋아지는 운율이 있다는 것을 발견하고 재미있어했습니다. 그것은 다시 말해서 내가 "문체"라는 것을 깨달은 최초의 사건이었던 것 같습니다.

아내는 선생님한테서 이 책 이야기를 들었을 때, 공부하는 사람들이 "코鼻가 후루헷헨도하다"라고 쓰인 원어의 뜻을 알 길이 없어서 고생했다는 부분이 재미있었다고 했습니다. 그래서 이 단어를 찾아보았더니, 나뭇가지들을 꺾은 다음이 후루헷헨도하고, 마당을 청소하면 먼

지나 흙이 모여서 후루헷헨도하게 생겼다고 쓰여 있어서, "수북하다, 수북히 쌓이다"는 뜻이라는 데에 생각이 미치자 모두 기뻐했다고 말을 이었습니다.

어렸던 아내는 후루헷헨도라는 네덜란드어를 하나 알게 된 것이 기뻤던 것입니다. 그런데 최근 라디오에서 어떤 학자가 말하기를, 『해체신서解體新書』(1774년 간행, 일본 최초의 서양의학 번역서/역주)라는, 젊은 사람들이 번역한 책의 원서에는 후루헷헨도라는 단어가 나오지 않는다고 했답니다. 어떻게 된 일일까요?

나는 아내의 이 질문에 대답할 수 없어서 유감스러웠습니다. 하지만 올해 초에 나온 고단샤 학술문고의 『난학사시』에서 가타기리 가쓰오 씨가, 원서에 붙어 있는 해부도의 코에 관한 설명에서, 이와 비슷한 소리의 단어가 있음을 규명한 사실을 알게 되었습니다. 가타기리 선생은 나나 아내와 비슷한 나이의 사람이므로 역시 어렸을 적에 후루헷헨도에 흥미를 가지고 있었는데 그 흥미가 계속된 것인지도 모르겠습니다.

3

정겹게 읽었던 또다른 책은 1999년 말에 나온 이와나미 문고의 『부러진 섶나무의 기록』(아라이 하쿠세키의 자서전, 1716년 집필 시작/역주)이었습니다. 본문 아래에 마쓰무라 아키라 씨의 읽기 쉬운 주석이 붙어 있었습니다. 여러분이 고등학생이 되어 아라이 하쿠세키(1657-1725, 유학자, 정치인/역주)에게 흥미를 가지게 되면 권하고 싶습니다. 내가 어릴 때 읽을 기회가 있었던 것은 상중하 중에서 상권뿐이었는데, 우선 그걸 재미있게 읽는 게 좋겠군요.

『부러진 섶나무의 기록』이라는 책 제목만은 교과서를 통해서 친구들도 알고 있었습니다. 그러나 특히 내가 이 책에 큰 관심을 느낀 이유는 하나의 사건이 있었기 때문입니다. 중학교 2학년 때, 나는 장래에 어떻게든 학자가 되고 싶다고 생각하기 시작했습니다. 성격상 별로 조심스럽지 못해서 이런 생각을 친구들이나 선생님께 말하기도 했습니다. 그걸 간접적으로 듣기라도 한 것일까요, 담임도 아닌 선생님이 일부러 나를 불러 세우더니 말씀하셨습니다.

> "세 가지 '곤ごん'이 없으면 학자가 되기 어렵다는 말이 있어!"

의미는 알 수 없었지만, 나는 상처를 받았습니다. 그래서 담임 선생님께 그 말이 어떤 책에 나오는지 여쭤보았습니다. 그리고 전쟁이 끝난 후, 마을에 생긴 공민회관 도서실에서 오랜 시간을 들여서, 『부러진 섭나무의 기록』 속 한 구절을 찾아냈습니다. 영리한 천성利根:りこん, 끈기氣根:きこん, 황금黃金:おうごん의 세 곤. 영리한 천성, 모든 일을 견디는 기력, 돈, 이 모두가 넉넉하지 않으면 학자가 되기는 어렵다는 말이었습니다. 나는 앞의 두 가지에 대해서는 아직도 잘 모르지만, 우리 집에 돈이 넉넉하지 않다는 것은 확실히 알고 있었습니다.

그 기회에 나는 상권뿐이라도 어쨌든 『부러진 섭나무의 기록』을 읽어보았습니다. 그리고 하쿠세키가 세 살에 글자를 쓸 수 있게 되었을 때, "제대로 된 선생님이 계셨더라면 글씨를 좀더 잘 썼을 텐데라고 하거나" 여섯 살에 한시를 익혀 의미를 배웠을 때 "그 공부를 발전시킬 곳이 있었더라면 좋았을 텐데" 하며 아쉬웠던 일들을 떠올리는 부분에서 마음속으로 동정을 금치 못했습니다.

그러나 이 구절은 훌륭한 정치인이자 학자가 된 하쿠세키가 자신은 "언제나 견디기 힘든 것을 견뎌내려고 힘쓰고, 세상 사람들이 한 번하는 것이라면 열 번, 열 번 하는 것이라면 백 번을 한 덕분에" 이렇게 될 수 있었다는 부분으로 연결됩니다.

특히 이 문장을 그대로 베껴 적으면서 어린 나는 나에게는 이렇게 노력할 끈기가 없지 않을까 걱정했습니다. 나는 혼자 숲으로 들어가서, 아무래도 커다란 나무에는 그러질 못하고 관목이나 풀을 꼬챙이로 때리고는, 나는 이런 데서 태어나서 읽고 싶은 책도 없고 진짜 좋은 선생님도 없다고 큰 소리로 불평하면서 기분을 풀곤 했습니다.

열다섯 살의 어느 날 내가 문학과 관련된 일을 하자고 다짐하게 된 것은, 다른 분야에서 들여야 하는 노력과 비교해 책을 읽거나 글을 옮겨 적는 일이 괴롭게 느껴지지 않는다는 것을 깨달았기 때문입니다.

4

어릴 적 내가 고전을 비롯해 자기 마음에 든 책에서 그 구절을 옮겨 적는 습관을 들인 것은 무엇 때문이었을까요? 우선 책을 사서 내 것으로 하기가 꽤 어려웠다는 점을 꼽겠습니다. 이웃 마을에 책방이 있었지만, 새로운 책이 들어오지 않았습니다. 돈도 없었습니다. 하지만 그 이유는 역시 내가 종이에 글을 옮겨 적는 일을 좋아하는 소년이었기 때문입니다. 몇 번씩이나 옮기면서 정확하게 익히려는 마음도 있었습니다. 부정확하게 익히는 것은 익히지 않는 것보다 훨씬 더 나쁘다고 말해주신 분은 아버지였습니다.

그리고 나는 책에서 확실하게 익힌 것을 이야기 도중에 항상, 그것도 재미있게 섞을 수 있는 사람을 존경했습니다.

어릴 때 읽었던 책을 생각하다 보면, 항상 발돋움해서 뭔가 어려운 책을 읽어보자, 읽은 것 중에서 마음에 드는 문장은 기억해두자고 허세를 부리던 날들이 떠오릅니다. 이런 기억은 대학교에 들어가서 사귄 친구들이나,

특히 소설가가 되어 외국에서 함께 공부하거나 일했던 문학자들에 비해 내가 책을 읽는 아이치고는 가난하고 불행했다는 생각을 하게 만듭니다. 나보코프 같은 망명 러시아인 작가처럼, 세계의 소설가와 시인들 중에는 어떻게 이처럼 풍요롭고 행복한 소년이 있었을까, 그런데 왜 문학을 평생 직업으로 삼았을까 할 정도로 의아하게 느껴지는 사람이 있습니다. 이제는 그것이 시대의 흐름과 겹쳐진 데 따른 결과였다는 생각을 하게 되었지만 말이죠. 여러분이 대학교에 들어갈 정도의 나이가 되어 나보코프라는 이름을 계속해서 기억한다면 그의 자서전을 읽어보시기를 바랍니다.

그렇게 풍족하지도, 그늘 없이 행복하지도 않은 소녀였던─전쟁 중에 누군들 예외가 있었을까요─내 아내는 어릴 적에 자가중독(자기 몸 안에서 만들어진 유독성 대사산물로 인한 중독/역주)에 걸려서 회복되기까지 오랫동안 병상에 누워 행복한 독서의 은혜를 누렸습니다. 그것도 어머니가 되풀이해서 읽어준 미야자와 겐지(1896-1933, 시인, 동화작가/역주)의 동화에 귀를 기울이면서 말이죠. 그렇게 해서 멋진 운율과 심상을 가진 겐지의 문장 한 구절 한 구절을 차례대로 익혔고, 무엇보다 상상력을 발휘해 그런 심상을 그림으로 표현하게 되었습니다. 그래서인지 반세기가 더 지나서도 아이들에게 첼로 켜는 주정뱅이나 생쥐 엄마와 아들 이야기를 하려고 하면, 반드시 소녀시절에 상상했던 광경을 떠올려 그것을 종이에 옮기고 색을 칠하는 일이 쉬운가 봅니다.

나는 결코 즐거워하면서 편한 마음으로 하지는 않았지만, 소년시절에 종이에 옮겨 적어 익혔던 문장이나 시의 한 구절이 요즈음의 생활 속에서 자연스럽게 떠오르곤 합니다. 결국 나도 생각했던 것만큼 불행한 소년은 아니었을지도 모릅니다.

아이들의 싸움 방법

1

앞에서 썼습니다만, 아버지는 어린 나에게는 다가가기 힘든 사람이었습니다. 그것이 마음에 걸려서, 그후에 독일과 벨기에를 여행하면서 느긋하게 아버지 생각을 했습니다. 그러자 즐거운 시간을 함께 보낸 나날이나, 소중한 것을 배웠던 때가 기억 속에서 떠올랐습니다.

그중의 한 이야기입니다. 한번은 내가 "이런 숲속에서 자라면 널리 알려질 만한 인물은 되지 못할 것"이라며 스스로도 금방 "우는소리"라고 생각할 말을 내뱉은 적이 있습니다. 아버지는 나를 힐끗 쳐다볼 뿐이었지만, 어머니는 내게 설교를 하려고 했습니다.

내가 태어난 마을을 흐르는 강이 다른 강과 합류하여

강 하류 쪽에 이르면 오즈라는 마을이 나왔습니다. 그곳에는 가토 번이라는 성城이 있었는데, 증조부가 거기서 일하셨다는 이야기를 들은 적이 있습니다. 어머니는 가토 가문에 나카에 도주라는 학자―중국의 고전 학문을 일본 방식으로 연구하는 유학자쯤 되었습니다―가 있었는데, 가난한 농가 출신이었지만 일본 전국에 알려진 대학자였노라고 가르쳐주셨습니다.

"도주 선생님은 학문을 하면서 어머니를 봉양하기 위해서 술을 팔았대."

어머니가 이렇게 말씀하시니까, 그 계절이면 언제나 정부기관에 납품하곤 했던, 지폐의 원료가 되는 삼지닥나무의 손질을 마무리하고 있던 아버지가 혼잣말처럼 이렇게 대꾸하셨습니다.

"어머니가 드시노록 술을 샀다는 것보다 좋을까, 나쁠까……."

어머니는 아버지한테 놀림을 받았다고 생각하셨는지, 그날따라 도주 선생님의 학문에 애착을 보이셨습니다. 그러다 다음 날 아버지가 오즈에 가야 할 일이 생겼다니 마침 잘되었다면서, "쟤를 데리고 가서 성터에 있는 도주 선생님의 비석을 보여주도록 하세요" 하고 아버지한테 말씀하셨습니다.

그날 나는 아버지의 자전거와 아는 분한테서 빌려온 내가 탈 만한 자전거를 천으로 닦고 기름을 치면서 정비했습니다. 다음 날 아침 일찍 우리는 출발했습니다. 어머니로서는, 친구와 놀러다니는 모습을 통 보이지 않는 내게 자전거로 오랜 시간을 달리는 즐거움을 가르쳐주자는 마음도 있지 않았을까 싶습니다.

이후 나는 꽤 나중까지 아버지가 일을 보시는 사이에 작은 은행 건물 앞에서 기다리고 있던 내가 달구지를 끌고 서 있는 당나귀를 발견하는 꿈을 꾸곤 했습니다. 유럽 민화집 번역본에서인지 어딘가에서 당나귀가 주인에게 호되게 당하는 이야기를 읽은 적이 있는데, 나는 그때 느낀 동정심을 떠올리며 키가 별로 크지 않은 당나귀의

콧등을 만졌습니다. 그러자 당나귀는 덥석 내 손을 물 것 같은 동작을 취했습니다. 나는 "인생의 진실"을 체험한 기분이었습니다. 그다음부터 내 꿈에는 덥석 물기 전에 풀이 죽어 있는 당나귀의 모습과, 물려고 하는—아마도 나를 놀래킬려고만 했을 테지만—누런색이 도는 희고 튼튼한 이빨들만이 보이게 되었습니다.

2

볼일을 마치고 나온 아버지는 생각지도 못한 말씀을 꺼내셨습니다.

> "네 어머니가 도시락을 싸주긴 했지만, 그건 좀 있다 먹지 않을래? 비석을 보러 가봤자 나도 잘 읽지 못할 거야. 여기서 멀지 않은 곳에 오래된 우동집이 있었는데, 지금도 하고 있을 것 같으니까, 거기 가서 이야기하자."

지금도 하고 있을 것 같다는 말은 오랜 전쟁으로 음식

이 나오는 가게가 별로 없었기 때문에 하신 말씀입니다.

그렇게 아버지와 간 곳은 깊은 강이 내려다보이는 다리 옆에 있었습니다. 입구에 커다란 버드나무까지 있어서 우동집이라는 말이 어울리지 않는, 조용하고 적막한 집이었습니다. 다른 손님도 있었지만, 우리는 긴 봉당 안쪽의 작은 방으로 안내되었습니다. 그리고 이것도 특별한 상차림의 하나가 아닐까 싶은 맥주는 아버지가 마시고, 나는 사이다를 마신 다음에 우동을 먹었습니다.

그러고 나서 아버지는 생각지도 못하게 나카에 도주 이야기를 어머니보다 훨씬 자세하게 해주셨습니다. 보통 때라면 나에게 공부하라고 말씀하시는 어머니를 못마땅한 듯 강하게 쳐다보던 아버지였는데 말이죠.

애초에 이야기가 학문과는 관계가 없는 시대극 영화 같은 내용이라, 나는 그 이야기가 진짜인지 의심하곤 했습니다. 그런데 오랜 후에 고바야시 히데오(1902-1983, 문예평론가/역주)의 『모토오리 노리나가 本居宣長』를 읽다가 거기에 아버지가 말씀하셨던 나카에 도주의 어렸을 때 이야기가, "도주 선생 연보"를 인용해서 쓰여 있는 것을

아이들의 싸움 방법

발견했습니다.

다른 데서는 눈에 띄지 않는 이야기라는 점으로 미루어보아, 아버지도 고바야시 씨가 참고한 자료나 그것을 토대로 삼은 정식 전기를 읽으신 것이 아닌가 싶습니다. 아버지가 교양 있는 사람이었다기보다는, 어머니가 그랬듯 그 고장과 관련이 있는 위대한 사람에게 관심이 있으셨기 때문이겠지요…….

아버지가 이야기하신 것을 기억하고 있는 만큼만 쓰겠습니다. 소년 시절 도주는 자신의 할아버지가 다른 영지에서 영주와 함께 오즈로 옮겨왔을 때 함께 이 고장으로 왔습니다. 도주의 할아버지는 관리이자 어느 토지의 책임자였는데, 흉년에 굶주린 농민들이 고향을 등지고 도망치려고 하자 그들을 막으려고 애썼습니다.

농민들을 데리고 떠나려는 사람은 스보쿠라는 난폭한 사람이었습니다. 그는 자신에게 벌을 내리려는 도주의 할아버지에게 저항했습니다. 도주의 할아버지가 창으로 스보쿠를 찔러 죽이자 그의 아내도 저항하며 할아버지의 발을 붙잡아 넘어뜨리려고 들었죠. 그래서 도주의 할

아버지는 그의 아내 역시 목을 벨 수밖에 없었습니다.

한이 맺힌 스보쿠의 아들은 도주의 할아버지 집을 습격하려고 했습니다. 열세 살의 도주는 칼을 허리에 차고 밤을 새워 집 주위를 돌면서 할아버지가 역할을 다하실 수 있도록 도왔습니다.

> "도주 선생님의 학문에 대해서는 언젠가 공부하기로 하고, 어린 도주는 이런 사람이었다. 집에 가면 어머니가 비석에 대해 물어볼 테니, 이렇게 말씀드려라!"

우리는 마을로 돌아오는 도중에 마을에서 오즈로 흐르는 강의 넓고 마른 모래밭으로 내려가서 어머니가 만들어준 도시락을 먹었습니다. 아버지는 이제 언제나처럼 잠자코 있었지만, 그 사이 내가 생각에 잠겨 있다는 점을 눈치채고 계셨습니다. 이윽고 아버지는 내게 아까 이야기한 것들 중에서 뭔가 마음에 걸리는 것이 있는지 물어보셨습니다.

아버지는 내가 질문할 때마다 우선 자기가 무엇을 문

고 싶은가를 잘 생각해보아야 하고—그러다가 스스로 대답을 찾아내면 가장 좋으며—또 반드시 그래야만 한다고 하셨습니다. 그래서 그날도 나는 이상하거나 아주 흥미롭다고 여겨지는 문제를 자전거로 아버지를 좇으면서 정리했습니다.

1. 오즈는 큰 고을인데도 농민들이 살았는가?

이 질문에 아버지는 당시 사건이 일어난 장소는 오즈의 가토 번藩(다이묘大名[영주]의 영지/역주)이 지배하는 곳이지만 중심지에서는 떨어진 곳으로, 그런 곳을 비지飛地라고 부른다고 대답해주셨습니다. 그렇게 중심적인 영지에서 떨어져 있으니까, 그곳을 통치하는 관리는 특히 막중한 책임을 느끼고 농민들이 도망가는 것을 기를 쓰고 막으려고 했을 것입니다.

나는 농민들이 자기네 논밭을 일구어놓은 땅에서 도망쳐서 어디로 갈까 생각해보았지만, 그것은 아버지한테도 너무 어려운 문제인 듯해서 질문하지 않았습니다. 이것도 다른 사람에게 질문할 때 상대방을 곤란하게 만들 성싶은 것을 물어서는 안 된다고 아버지가 말씀하셨기 때문이었습니다. 내 이야기이지만, 지금 생각해보니 아이들은 참 세심하게 배려하는 존재구나 싶습니다.

2. 스보쿠는 칼로 대항했는데, 할아버지는 긴 창으로 그를 찔렀다. 그것은 비겁하지 않은가?

아버지는 "일본이 번으로 나누어져 있었을 때는, 도주의 할아버지 같은 관리와 스보쿠 같은 농민 사이에는—스보쿠가 깡패 같은 사람이었다면 더욱—신분적으로 큰 차이가 있었다. 윗사람은 아랫사람을 창으로 찌르는 일을 비겁하다고 느끼지 않았다. 그 할아버지는 이때 부하도 데리고 있었고 자신은 말을 타고 있었다"고 말씀하셨습니다.

이 대답을 들은 나는 스보쿠의 아내가 도주의 할아버지의 발을 붙잡고 쓰러뜨리려고 했던 장면을 이해할 수 있었습니다.

3. 열세 살인데 칼을 차고 밤새 집 주변을 순찰했던 것은 용

> 기 있는 행동이다. 그러나 나는 솔직히 그렇게 할 수 없을 것 같다.

아버지는 잠시 동안 멀리서 흐르는 강을 바라보면서 잠자코 계셨습니다. 지금도 내가 그 모습을 분명히 기억하는 이유는, 그로부터 얼마 지나지 않아 "전시하의 산업 시찰"이라는 명목으로 마을에 온 현의 지사知事가 우리 집의, 삼지닥나무를 상자 모양으로 만들어 발송하는 장치—아버지가 설계도를 그리고 오사카에서 만들어 온 것이었습니다—를 움직여보라며, 혼자서는 작업할 수 없는데도 소리를 치며 명령했던 날, 날이 저물 무렵 아버지가 집 안에서 강을 조용히 바라보던 모습을 기억하기 때문입니다. 그 일이 있고 얼마 후 아버지는 돌아가셨습니다.

어쨌든 잠시 생각하다가 아버지가 꺼낸 말씀은 내 질문에 대한 직접적인 대답이라고는 할 수 없는 것이었습니다. 질문에는 똑바로 대답하고 쓸데없는 말은 물론 얼버무린 대답도 해서는 안 된다는 것도 아버지의 가르침이었기 때문에 이상하게 느꼈던 것을 나는 지금도 기억합니다.

"스보쿠의 아들은 틈이 날 때마다 도주의 할아버지 집으로 불화살을 쏘아 불을 지르려고 했지. 그건 혼자서는 할 수 없는 일이니까, 아마 스보쿠의 아들에게는 패거리가 있어서 산속에라도 숨어 지낸 모양이야. 아이라고 했지만, 이미 한 사람 몫을 할 나이였을지도 몰라" 하고 아버지는 말씀하셨습니다.

"이쯤 되면 이제 이건 두 세력 사이의 작은 전쟁이야. 도주가 확실히 용감한 소년이었다고는 생각하지만" 하고 아버지는 계속하셨습니다. "**자네**—아버지는 나를 '자네'라고 불렀는데, 이것 역시 친구들 사이에서 내가 놀림을 받는 이유였습니다—가 용감하지 않더라도 오히려 그게 당연한 거야. 아이들에게는 아이들만의 싸움 방법이 있는 게 아닐까? 스보쿠의 아들과 그 패거리가 공격해오면, 자네는 아이니까 작은 구멍에 숨어서 지켜보고 있으면 돼. 보면서 기억해두고 그 전부를 잊어버리지 않는 게, 그게 아이들이 싸우는 방법이야……."

아까 언급했던, 나카에 도주의 소년시절을 기록한 글

에서, 도쿄 출생인 고바야시 씨는 "도주의 학문이 자라난 곳은 온통 황무지였다"고 했습니다. 시대는 다를지언정, 나 역시 "학문"을 하기에는 적합하다고 할 수 없는 집에서, 그 고장에서 자라났지만, 아버지나 어머니는 각기 자신의 방법으로 "황무지"를 없애주셨던 듯합니다.

싱가포르의 고무공

1

다시 아버지의 추억에 대해서 쓰겠습니다. 그것도 내가 아버지께 강한 불만을 품었던 이야기입니다. 불만이라고는 하지만 그 불만의 씨앗이 된 아버지의 언동에는 의미가 있어서, 이제는 종종 떠오르는 추억이 되었습니다.

내가 초등학교—당시의 명칭으로는 국민학교—2학년 때의 초여름이었습니다. 어째서 계절까지 정확하게 말할 수 있느냐 하면, 학교에서 **일단**은 내 것이 된 고무공의 구입권을 셔츠 주머니에 넣고 흥분해서 집으로 달려 들어가던 광경이 추억과 겹쳐져 있기 때문입니다.

전쟁이 시작되고 아직 반년 정도 지났을 뿐인 때였습니다. 우리 집이 작은 마을에 있던 탓인지 모르겠지만,

아이들 옷을 가게에서 손쉽게 살 수는 없었던 것 같습니다. 내가 학교에 입고 가던 윗도리는 형의 헌 옷을 물려받은 것이었는데, 형태가 망가져서 바보처럼 보인다며 어머니가 마분지를 잘라 주머니 속에 넣고 실로 꿰매주셨습니다. 그렇게 가을에서 겨울을 지나 늦봄 무렵까지 나는 주머니에 아무것도 넣을 수가 없었습니다. 신기한 곤충을 잡아도 그것을 끼워둔, 손으로 접은 삼각 종이를 집어넣을 마땅한 곳이 없어서 난처했던 기억이 납니다.

그러던 어느 날, 행운이 따랐는지 반에서 가위바위보로 뽑기를 한 고무공의 구입권이 내 손에 들어왔습니다. 그해 2월 일본군은 영국군과 싸워서 싱가포르를 점령했습니다. 그보다 조금 전에는 필리핀의 마닐라도 점령한 터였습니다. 우리는 미군과 싸운 것입니다. 그렇다면 왜 그 나라들과 싸웠을까요? 싱가포르와 필리핀이 유럽과 미국의 식민지였기 때문입니다. 하지만 세계지도의 아시아 페이지를 펴서 이 나라들까지 일본군이 공격해 들어간 것을 자기 눈으로 확인하는 일은 중요합니다.

어쨌든 그런 점령으로 남태평양 제도의 고무 원료가

풍부하게 들어오게 되면서, 학생들에게—모두에게 한 개씩은 아니고, 가위바위보로 뽑았지만—구입권이 주어진 것이었습니다. 나한테도 고무공은 새 윗도리 같은 것보다 훨씬 더 가지고 싶은 물건이었습니다. 지금으로 말하자면 소프트 테니스공이지만, 우리는 우리만의 규칙대로 노는 삼각 베이스의 공으로 삼았습니다. 정식으로 야구가 마을로 들어오고 소프트 야구공을 사용해서 어른들까지 즐기게 된 것은 전쟁이 끝나고 나서의 일입니다.

대부분의 배급 제비뽑기에 떨어지기 일쑤였던 내가 고무공 구입권에 당첨되어 의기양양해 있었습니다. 안채의 작업장에서 삼지닥나무 진피 묶음을 마지막으로 확인하고 계신 아버지에게 이 사실을 알리러 갔습니다. 공을 찾으러 갈 돈을 아버지께 받아야 했습니다.

이야기를 들은 아버지는 잠시 가만히 계시더니, 이윽고 내게 가위바위보를 진 반 친구한테 구입권을 양보하라고 하셨습니다. 그리고 다시 머리를 숙여 건조시킨 새하얀 삼지닥나무 진피 묶음을 열심히 확인하셨습니다.

실망해서 나오는 나를 뒤쫓아나온 어머니가 왜 고무

공을 사면 안 되는지 아버지한테 여쭤보라고 하셨습니다. 그래서 처음으로 용기를 내어 나는 아버지의 작업장으로 되돌아갔습니다. 그리고 묵묵히 작업하고 계신 아버지한테 그 고무공이 어떤 사정으로 마을 아이들에게 배급된 것인지를 설명했습니다. 교실에서 선생님이 감격해하며 한 말을 되풀이한 것뿐이었지만……

일본의 군인 아저씨들은 용감하고 강해서 싱가포르를 지키는 영국군을 물리쳤고, 인정이 많아서 고무공을 모아 보내준 것이라고…….

아버지는 일손을 멈추시고 나를 뚫어지게 바라보셨습니다. 그리고 이렇게 말씀셨습니다. "어떤 나라의 용감하고 강한 군대가 이 숲속까지 쳐들어와서(아버지는 안채의, 강줄기와 맞닿아 보이는 지붕 끝에 어머니가 널어놓은 곶감들을 올려다보았습니다), 그 어떤 나라의 군인들도 인정이 많아서 곶감을 모아가지고는 자기 나라의 아이들한테 보내버렸다고 한다면……자네는 어떻게 생각하나?"

나는 아버지의 말씀이 여러 면에서 불만스러웠습니다. 그렇지만 조리 있게 내 생각을 말할 수 없을 것 같아서 입을 다물었습니다. 아버지는 다시 한번 가만히 나를 바라보고는 묵묵히 일을 계속했습니다. 결국 그것으로 이야기는 끝이 났습니다. 학교에 구입권을 되돌려주러 가야 한다니! 정말 분하고 자기 연민에 빠질 수밖에 없었습니다. 돈을 준비해서 대문간에서 기다리고 있던 어머니가—20전에서 25전 사이였다고 기억합니다—내 얼굴빛으로 아버지와의 교섭이 어떻게 되었는지 눈치채고 이렇게 말씀하셨습니다.

"아버지는 싱가포르 함락 때, 술을 특별 배급받으셨는데!"

하지만 나는 어머니의 말투에 반발심을 느꼈습니다.

2

내가 아버지의 말씀을 들으면서 불만스럽게 생각했던 점을 하나씩 떠올리면—그것은 어린 내가 몇 번이나 되

풀이한 일입니다―국민학교 학생인 내가 그때에는 "대일본제국"이라는 우리 나라를 세계의 중심으로 보는 태도―내셔널리즘, 더욱이 초국가주의라고 할 수 있습니다―를 확고하게 가지고 있었음을 알 수 있습니다.

학교 다니는 동안 나는 선생님한테서 배웠던 일본이라는 나라를 강조하는 사고방식―천황과 황후 두 분이 빛나는 구름 속에 떠 있고 그 아래에 일본열도가 있는 "세계의 그림"이 칠판에 그려져 있었습니다―을 신봉하고 있었습니다. 그러나 집으로 돌아오면, 할머니나 어머니가 이야기해주는 우리 마을의 전승을 무엇보다 소중하게 여기고 거기에 뿌리 박은 "세계의 그림"을 상상해보는 아이였습니다. 너무나 자연스럽게 그랬던 것 같습니다.

그러나 지금, 아버지와의 감정적인 충돌의 구체적인 기억을 실마리 삼아서 당시의 나를 자세히 떠올려보면, 역시 선생님의 이야기에 영향을 깊게 받았음을 알 수 있습니다. 국민학교, 곧 지금의 초등학교 교육의 힘이 얼마나 강한지를 생각하게 됩니다.

우선 나는 아버지가 일본군만큼 용감하고 강한 군대

가 다른 나라에도 있을 수 있다는 듯 말씀하셔서 불만이었습니다. 더욱이 그 나라 군대는 숲속 마을까지 쳐들어올 수 있다고 하셨지요. 일본군을 쳐부수고 말입니다. 이건 절대로 있을 수 없는 일, 생각할 수도 없는 일이었습니다. 나는 아버지를 부끄러운 말을 하는 사람이라 여겨 화를 냈던 것 같습니다. 학교에서 고무공 구입권을 선생님께 돌려드렸을 때도, 아버지가 이런 의견을 가졌다는 점을 결코 말하면 안 된다는 것을 알고 있었습니다.

한편으로 나는, 확실히 기억나는데, 아버지가 이 **숲속에까지 쳐들어와서**라고 하셨을 때, 곧바로 "조소카베"를 떠올렸습니다. "조소카베"는 내가 더 어렸을 때, 밤이 되어도 좀처럼 잠자리에 들지 않고 동생들과 큰 소리로 떠들며 놀면 할머니가 "조소카베가 온다!" 하며 우리를 조용하게 만들었던 효과적인 협박용 문구였습니다.

조소카베 모토치카(1540-1599, 무장/역주)가 도사(현재의 고치 현)를 지배하다가 그곳을 발판으로 삼아 시코쿠(도사가 일부인, 혼슈 남서쪽의 큰 섬/역주)를 통일했던 전국시대戰國時代의 역사를 토대로 한 민담 중에서 할머니는 온갖 무서운 이야기를 해주곤 하셨습니다. 뿐만 아니라 나는 조소카베 군대가 진군에 진군을 거듭했던 경로의 큰 분기점에까지 아버지와 함께 가본 적도 있었습니다.

"조소카베"의 군대가 쳐들어왔다고 해도, 어느 나라의 군대가—미국이나 영국 군대처럼 느껴졌습니다—여기까지 들어올 일은 있을 수 없음을 어쩐 일인지 나는 굳게 믿고 있었던 것입니다.

전쟁에 지고 나서 얼마 지나지 않아서 주둔군인 미군을 태운 지프차가 실제로 우리 마을까지 들어왔습니다. 그들이 이웃 마을에서는 초콜릿이나 껌을 아이들한테 던져주었다는 소문을 나중에 전해들었지만—이미 그쪽 마을에서 다 줘버리고 이제는 없었겠지요—우리 마을에서 젊은 미군 병사들은 손을 흔들어줄 뿐이었습니다……. 지프차가 강변을 따라 올라오는 모습을 숲속 높은 곳에서 내려다보고 있던 내가 그때 비로소 돌아가신 아버지의 말씀을 떠올린 것도 사실입니다.

어쨌든 또 하나 아버지에 대한 불만은 싱가포르를 포함하는 남방의 고무자원을 일본군대가 손에 넣은 것과

이 마을 아이들의 먹을 것을 빼앗는 일을 똑같이 취급했다는 점은 정당하지 않은—비겁하기조차 한—비교라는 생각에서 비롯되었습니다.

그러나 나의 가슴 밑바닥에는 다른 나라 군대가 들어가서 고무자원을 약탈하는데, 식량 역시 빼앗아가지 말란 법도 없지 않을까 하는 염려가 고여 있었습니다. 이런 생각이 있었기 때문에 그런 "논리"를 내게 피력하면서 반대의 목소리를 높이신 돌아가신 아버지께 화가 났던 것입니다. 이런 기억이 있어서인지 패전 이듬해에 점령군이 식량을 풀었다는 사실을 들었을 때에는, 미국이라는 나라에 호의를 품게 되었습니다.

3

신문 같은 데서 "보수적"과 "진보적"이라는 말이 사용되는 것을 본 적이 있을 것입니다. 이런 단어들의 본래 의미를 조사하는 일도 필요하지만, 지금은 조금 다르게, 실제로 사용되는 양태를 보면서 이런 말을 할 수 있으리

라고 생각합니다.

> 그 나라, 그 사회가 지닌 현재의 존재방식, 움직이는 방식에 입각해서 산다. 적응하면서 살아간다. 미래의 모습 역시, 지금 존재하는 모습의 자연스러운 연장선에서 그려나간다. 현재의 모습을 바꾸려고 생각하지 않는다. 그 나라, 그 사회에서 지금 세력을 쥔 사람들의 사고방식을 따라가려고 하고, 자기도 그렇게 사람들에게 가르치기를 원한다.

이렇게 살아가는 사람들을 "보수적"이라고 할 수 있겠습니다. 물론 "보수적인" 생각, 삶의 방식이 실제로 현실에서 나타나는 모습에는 서로 큰 **차이**가 있습니다. 정말로 "보수적"이라고 여겨지는 사람들 중에 내가 아주 좋아하는 사람도 있지만, 정말이지 곤란하다고 생각되는 사람들은 좀더 많습니다.

여기서 내가 특히 말하고 싶은 것은 아이들은 우선 "보수적"이라는 사실입니다. 아이들은 이 세상에 새로 태어난 인간이고 실제 새로운 것에 민감하니, 아이들이 "보수적"이라면 의아할지도 모르겠습니다. 그렇지만 갓난아기는 자기에게 주어진 환경이 확실히 안정되어야 만족하듯, 어른들이 해주는 대로 자신을 내맡깁니다.

그리고 이러한 자기의 상태를 되돌아보기 시작하고 어른의 보호를 벗어나서 조금씩 자립해나갈 때, 아이는 "진보적"으로 변해갑니다.

이 말은 자기가 살고 있는 나라나 사회에 대해, 지금까지 자기가 가지고 있던 것과는 다른 사고를 받아들여서―아니면 스스로 만들어내서―자기 주위부터 조금씩이라도 바꾸어가려고 하는 인간이 되어간다는 뜻입니다.

나는 그때 아버지가 한 말씀을 싫어했고, 뭔가 무서운 말을 들은 것 같았습니다. 정직하게 말하면, 아버지가 나를 공격한다고 느꼈습니다. 처음의 감정적인 반발심이 엷어진 후에야 조금씩 아버지의 사고방식을 받아들일 수 있었습니다. 다만 그 일을 나 자신의 언어로 말할 수 있다고 생각했을 때에 이미 전쟁이 끝난 후였고 아버지는 돌아가셔서 계시지 않았습니다.

어느 중학교에서의 수업

1

나는 여러분에게 이야기 꺼낼 준비를 다음과 같이 했습니다. 우선 내가 쓴 「왜 아이들은 학교에 가야 하는가」라는 글을 읽은 여러분에게 감상문을 써달라고 했습니다. 그중 일부는 내가 올해 초 베를린 자유대학교에서 일했을 때, 일본인 아이들─부모 중 한 분이 독일인인 경우도 있습니다─에게 했던 이야기였습니다. 그것이 독일 신문에 실리면서 독일어로 번역하기 쉽게 하려고 마음을 써서 다시 내가 일본어로 고쳐 쓴 것이 그 글입니다.

이렇게 쓸데없는 이야기를 한 이유는, 외국에서 외국인에게 자기 생각을 이해시키는 일은 꽤 어렵지만 재미있는 일이라고 말하고 싶어서입니다. 만약 내가 독일어로 말할 수 있었다면, 베를린 사람들에게 내가 말하고 싶은 것을 직접 독일어로 말할 수 있었겠지만, 나는 독일어를 공부한 적이 없어서 베를린 자유대학교의 강의에서도 영어를 사용했습니다.

자기의 생각을 외국어로 고쳐서 말하거나, 미리 써서 준비해두거나 하면 새로운 경험을 하게 됩니다. 일본어로 생각하거나 말하는 자기를 보통 때보다 객관적으로 관찰할 수 있는 것이죠. 또한 아무리 노력해도 외국어로는 전달할 수 없을 때, 똑같은 말을 일본어로라면 표현할 수 있는 나는 일본인들 사이에서만 통하는 말을 하고 있다는 점을 깨닫게 됩니다.

공부를 계속할 여러분이 이제부터라도 외국어 하나는 확실하게 실용 위주로 터득하기를 진심으로 권합니다.

2

그 글을 복사해서 여러분에게 나눠주고 감상문을 써달라고 했죠. 나는 소설가입니다. 매일 문장을 쓰고는 그것을 다시 고쳐 쓰는 생활을 하고 있습니다. 이것이 소설가로서 나의 "인생의 습관"입니다.

"습관"이라는 단어에는 좋은 의미와 나쁜 의미가 있습니다. 그다지 좋지 않은 습관, 가령 담배를 피우는 일은 조사연구를 한 의학자들도 폐암의 원인이 된다고 이야기하니까, 여러분도 어른이 되어 담배를 피우는 습관은 가지지 말고, 가능하면 아버지께도 그 습관은 고치는 편이 낫다고 말씀드립시다.

물론 좋은 습관도 있습니다. 예를 들면 확실하게 이를 닦는 습관이 그것입니다. 여러분은 놀랄지도 모르겠지만, 내가 어릴 적에는 전쟁 중이어서 제대로 된 칫솔과 치약―그때는 지금같이 튜브식으로 된 것은 보지도 못했습니다―을 손에 넣기가 어려웠습니다. 선생님은 손가락에 소금을 묻혀서 이를 닦으라고 했습니다. 사정이 이렇다 보니 나의 어머니는 아이가 책을 읽거나 공부하는 것을 중요하게 여기셨음에도, 이를 닦으라고 심하게 나를 다그치지는 않으셨습니다. 그 덕분에 나는 벌써 오래 전부터 후회를 하고 있죠.

문장을 쓰는 일, 특히 고쳐 쓰는 일, 이것도 좋은 습관이라고 생각합니다. 적어도 나는 일단 소설을 다 쓰고 난 다음에도 몇 번씩 고칩니다. 이 습관을 들이지 않았더라면, 지금껏 소설가로서 살아오지 못했을 것이라고 생각할 정도입니다.

그러면 일단 쓴 문장을 고쳐 쓰는 데에, 어떤 효과가 있을까요?

여기에는 자기의 글을 보다 쉽게 이해시킨다는, 다른 사람에 대한 효과와, 글을 보다 낫게 만든다는, 나 자신에 대한 효과가 있습니다. 그리고 이 두 가지는 서로 연결되는데, 지금부터 몇 가지 예를 들어서 이야기하겠습니다.

스포츠 연습을 통해서 육체를 단련시킬 수 있듯이, 문장을 고치는 습관은 정신을 단련시킬 수 있습니다. 나에게 소중한 이 의견이 여러분에게 전달될 수 있으면 좋겠습니다.

3

또 한 가지 내가 여러분에게 말하고 싶은 것은 어릴 때 스스로 공부 실력을 늘리고 그 폭을 확대하는 방법입니다. 그리고 그 공부를 어른이 되어 일을 할 때의 공부에 적용하는 방법입니다. 오늘은 여러분의 아버지와 어머니들도 참석하셨으니까, 부모님들의 의견도 들어보기를 바라면서 내가 지금까지 해왔던 방식을 말해보겠습니다.

다시 한번 말하지만 나는 소설가입니다. 교육에 대해서 전문적으로 배운 것도 없고―사실은 대학교에서 교육개론과 교육심리학이라는 두 개의 강좌를 대형 강의실에서 들었고, 교육실습도 나갔습니다만―이 나라에서 중고등학교 교사를 해본 적은 더구나 없습니다. 멕시코시티의 대학교를 시작으로 캘리포니아 대학교의 몇 군데 캠퍼스, 그리고 프린스턴 대학교와 베를린 자유대학교에서 강단에 선 적은 있지만, 그것은 전문적인 대학생들을 대상으로 하는 문학강의였습니다. 일반적인 교육과는 다릅니다.

그래서 나는 가르치는 사람이 아니라, 배우는 사람으

로서 내가 어떻게 공부해왔는지를 경험을 바탕으로 이야기하려고 합니다. 내가 아이였을 때의 학교의 모습은 여러분이 이미 읽은 내 글 중 몇 군데에 나타나 있습니다. 패전 직후에 초등학교 고학년에서 중학교에 걸친, 다시 말해서 지금 여러분 나이 때 나의 마을, 시코쿠의 숲속 학교에서는 사범학교나 대학교에서 교육이 무엇인가를 배운 선생님을 찾아보기가 어려웠습니다. 나이가 지긋한 선생님들은 사범학교 출신으로 오랫동안 마을에 거주하신 분들이었는데, 전쟁 중에 가르쳤던 것과는 다른 것, 반대의 사실을 아무렇지도 않게 가르쳤습니다. 그다지 권장할 만한 일은 아니지만, 학생들은―특히 나는―그런 선생님들을 신뢰하지 않았습니다.

그러면서 나는 건방지게도, 이것이야말로 권장할 일은 아닌데, 나 혼자서 공부해보겠다고 마음먹었습니다. 그러고 나서 찾아낸 공부 방법은 교과서에서든 보통 책에서든 상관없이, 눈에 띄는 재미있는 말, 아니면 옳다고 생각되는 말을 공책에 적어서 외우는 방법이었습니다.

또한 책에 나오는 외국어나 인명을 있는 대로 적어두

었다가 그것을 다른 책을 통해 조사해보기도 했습니다. 그리고 고등학교와 대학교에 진학하면서 한층 자유롭고 한층 적극적으로, 방금 말한 방법으로 알게 된 책에서 다음 책으로 스스로 읽을 책을 찾아 그것들을 연결해나갔습니다. 이것은 지금도 내가 계속하는 일입니다.

4

지금도 계속하고 있다고 말했습니다. 이것이 "맞다"는 것을 가장 최근의 사례를 들어 이야기하겠습니다. 나는 이번에 여러분과 이야기하기로 결정한 날, 얼마간이라도 교육적으로 도움이 될 만할 이야기를 하고 싶었습니다. 그렇게 생각한 때가 2000년 여름이었습니다. 나는 최근 몇 년간 읽으면서 교육이라는 것을 생각해본 책 몇 권을 다시 한번 읽었습니다.

그때 다시 읽은 책 중 한 권으로 여러분이 대학교에 진학한 뒤에도 기억해주었으면 하는 책은 노스럽 프라이라는 캐나다 학자의 『거대한 체계 : 성서와 문학 *The Great*

Code: The Bible and Literature』인데, 일본어로도 번역되어 있습니다(한국어판 제목은 『성서와 문학』이다/역주). 하지만 여기서는 인간의 문화로서의 언어의 역할에 대한 책 내용은 이야기하지 않겠습니다.

거기에—아래 인용은 내가 번역한 것입니다만—이런 부분이 있습니다.

> 선생이란 원래 적어도 플라톤의 『메논*Menon*』 이래 인정되어온 대로, 무지한 인간에게 무엇을 가르칠지 아는 누군가가 아닙니다. 오히려 그는 학생의 마음에 ❶**문제**를 ❷**새로 만들기** 위해서 일하는 사람으로, 이 일을 하는 선생의 ❸**전략**은 무엇보다도 학생들에게 그들이 이미 ❹**말로 명백하게 할 수는 없지만 알고 있**는 것을 확인시켜주는 것입니다. 그것은 학생들이 알고 있는 것을 알게 되는 것을 방해하는 마음의 ❺**억압**이 가진 온갖 힘을 깨부수는 일이기도 합니다. 이것이 학생보다는 오히려 선생이 대부분의 질문을 하는 이유입니다.

어때요, 아주 어렵지요? 이 글을 지금 여러분이 이해하지 못해도 상관없습니다. 지금 나는 이 문장을 예로 들어 어떻게 스스로 공부해야 하는지, 여기에서 나온 중요한 단어, 구절 앞에 붙여둔 숫자로 치면 ❸의 전략을 기억해달라는 것뿐입니다.

전략戰略은 영어로는 strategy라고 합니다. 여러분이 게임을 할 때, 공격하기 위해서는 우선 큰 방침을 정하지요? 축구로 치면 필리프 트루시에 감독(프랑스의 축구선수 출신 감독/역주)이 시합에서 이긴 후 기자회견을 열어 전반전에서는 수비를 굳히고 후반전에서는 공격을 하려고 했다고 말하는 내용이 되겠습니다. 우리는 이것을 전략, 곧 strategy를 세웠다고 합니다. 한편 정말로 후반전에서 맞은 골 찬스에 나카무라 선수가 다카하라 선수에게 몇 번이나 패스를 합니다. 이렇게 실제로 적용되는 상세한 진행방법은 전술戰術, 곧 tactics입니다. 여러분도 부모님께 어떻게든 허락받고 싶은 것이 있을 때, 그것을 확실하게 말로 표현하지는 않더라도 마음속으로는 왠지 모르게—이것이 방금 인용한 것 중의 ❹입니다—전략

과 전술을 가지고 행동하지 않습니까?

게다가 그것들을 분명히 아버지나 어머니께 말로 표현하는 것이 왠지 나쁜 일이라고 여겨본 적은 없나요? 그것을 마음속에서의 억압, 영어로는 repression이라고 합니다. 이것이 ❺입니다.

문제라는 단어 앞에 ❶이라고 쓴 것은 그 단어의 원문이 subject라는 영어 단어였기 때문입니다. 선생님이라면 그것을 주제로 번역하는 게 보통이겠지요. 그러나 나는 "지금 생각하는 이 문제"를 강조하기 위해서 "문제"라는 좀더 보편적인 단어로 번역했습니다.

다음으로 ❷라고 붙인, 새로 만든다는 뜻의 영어는 re-create입니다. re의 뒤에 하이픈(-)이 붙어 있는데, 그것은 이 단어가 복합어임을 나타냅니다. 발음은 지금 내가 발음한 대로 rìːkriéit입니다. 이렇게 말해도 나의 발음이 서툴러서 구별할 수 있을지 모르겠지만 말입니다. 그리고 하이픈이 없는 recreate는, 하이픈을 없애면 똑같은 철자지만, 발음은 rékriéit입니다. 외래어 레크리에이션의 토대가 된 동사는 이것입니다.

내가 어째서 이렇게 상세하게 말하는가 하면, 나는 어렸을 때 특히 사전을 열심히 찾아보았기 때문입니다. 그리고 영어 문장의 의미를 상세하게 내 머릿속에 넣어서 나의 모국어로 그 내용을 말할 수 있도록 노력했습니다. 그렇게 해서 나는 다른 경우에도 "아아, 이건 그 영문으로 말한 것과 똑같다"고 스스로 판단할 수 있게 되었습니다. 영어를 영어로 이해한다는 것은, 물론 좋은 일입니다―해외에 거주하다가 귀국한 아이들은 실제로 그렇겠지요. 그렇지만 나는 이렇게 했습니다. 내가 성장한 환경에서 이렇게 하는 것 말고는 방법이 없었습니다. 그렇게 하면 영어 책을 읽는 시간은―일본어 책도 정확하게 읽게 된다고 하더군요―매우 길어지겠지만, 확실히 도움이 됩니다.

야나기타 구니오(1875-1962, 서정시인, 민속학자/역주)라는 학자는 선생님한테서 배운 것을 그대로 모방하는 공부 방법을, 배우고まなぶ(흉내 내다まねぶ라는 옛말과 똑같습니다), 그것을 스스로 활용할 수 있도록 외우고おぼえる(자전거 타는 법을 배운다おぼえる고 하죠?), 배우지 못하더라도 스스로 판단할 수 있도록 깨닫는さとる 것으로 나누었습니다. 그러고는 배우기를 외우기로 향상시켜야 하고, 가능하면 깨닫기까지 하고 싶다고 말했습니다.

re-create는 어떤 것을 처음으로 만드는 것은 아닙니다. 하지만 처음으로 만드는 것과 거의 똑같을 정도로 다시 한번 만든다는 뜻이기 때문에, 나는 ❷와 같이 번역했습니다.

훌륭한 음악 연주가는, 예를 들면 쇼팽이 창조한 작품을 우리 앞에서—우리와 함께—처음 만드는 것처럼 새롭게 창조합니다. 연주란 re-create하는 것이라고 나는 생각합니다.

나의 공부 방법

1

중학교 때의 이야기를 계속하겠습니다. 여기에서는 아까 내가 번역했던 문장에 나오는 사람 이름과 책 제목부터 이야기하려고 합니다. 하지만 말입니다, 이것 역시 내가 아이였을 적에 했던 공부 방법을 설명하는 데에 필요한 이야기를 하는 것이니까 지금 여러분은 플라톤—기원전 5세기가 끝날 무렵부터 기원전 4세기 중반까지 활약했으며 아테네에 아카데미아라는 학교를 세웠고, 소크라테스의 제자였습니다—이라는 그리스의 철학자만은 기억해주십시오. 그리고 대학교에 들어갈 때쯤에 기억이 나면 플라톤의 "대화편對話篇"이라는 제목이 붙어 있는 책들을 몇 권 읽어보십시오.

그것이 나의 공부 방법이었습니다. 나는 혼자서도 할 수 있는 이 방법을 열 살 때, 아버지가 돌아가시고 직접 질문할 만한 사람을 찾을 수 없게 된 뒤에 발명했습니다. 사실은 지금도 이 공부 방법을 쓰고 있습니다.

그 증거가 있습니다. 오늘 여러분에게 강연을 하기로 결정하고 준비를 시작했을 때, 아무것도 보지 않았는데도 곧바로 떠오르는 것이 있었습니다. 하지만 나는 내 카드 박스―지금은 가정용 업라이트 피아노 정도의 크기입니다―에서 "교육" 항목을 살펴보았습니다. 이것은 어렸을 적의 내가 공책에 분류조차 하지 않고 기록해두었던 방법과 원칙적으로는 똑같은 것입니다.

그러고는 얼마 전에 재미있게 읽었던 노스럽 프라이의 책을 서고에서 찾았습니다. 그 책에는 이전에 읽었을 때 쳤던 붉은 밑줄이나 메모가 있어서 도움이 되었습니다.

그다음으로 내가 한 일은 플라톤 전집에서 『메논』을 찾아낸 것입니다. 그리고 프라이가 말한 것이 있는지 어떤지를 확인했습니다.

그리고 이제 나는 여러분 앞에서 강연을 하려고 합니

다. 그 강연을 계기로 특히 내 눈이 가는 곳이 있었습니다. 아까 "대화편"이라고 말했듯이, 플라톤은 스승 소크라테스가 다른 사람들과 나눈 대화 형태로 책을 썼습니다. 이 대화는 프라이가 말한 대로 학생보다 선생님이 더 많이 질문하는 형식입니다. 그것은 학생이 말로는 할 수 없지만 마음속으로는 잘 알고 있는 것을 밖으로 꺼내주기 위함입니다.

『메논』은 아테네인들 입장에서 보면 다른 도시국가에서 온 메논이라는 젊은이에게 소크라테스가 말을 거는 형식으로 쓰였습니다. 도덕교육을 어떻게 할 것인가를 두고 여러 사람들이 온갖 논의를 하고 있습니다. 어째서 사람을 죽이면 안 되는가, 개인인 나 자신과 정부의 방침, 즉 국가가 나아가는 방향―공公이라고 쓰고 국가라는 의미를 가집니다―가운데 어느 쪽이 중요한가?

그것을 배워야만 하는 여러분한테는 가장 수고스러운 부분이지만, 이 책은 "도덕道德(에토스)"과는 조금 의미가 다른 "덕德(아레테)"에 대해서 논의하고 있습니다.

나는 여러분이 『메논』이라는 책 이름을 기억해두었다

가 역시 대학교에 들어갈 때쯤에 읽어주었으면 합니다. 이제, 지금까지의 내 공부 방법 중 하나를 말씀드리겠습니다. 어린 나는 그때 읽어도 이해는 할 수 없었지만, 언젠가 읽으려고 결심한 저자의 이름과 책 제목을 공책에 적어두었습니다. 그리고 어째서 그때 언젠가는 읽어보려고 생각했는지 스스로에게도 흥미로운 점을, 그 나이의 내가 이해하는 범위 내에서 적어두었습니다. 지금 내가 읽어도 재미있는 책에, 어떤 부분이 이러이러하게 인용되어 있다고 쓰는 경우가 많았지만 말입니다…….

그리고 몇 년이 지나서 실제로 그 책을 읽어보고 생각했던 대로 좋은 책임을 확인하게 되면 그저 즐겁기만 합니다. 야구에 저스트 미트(일본식 영어로, 야구에서 볼을 배트의 한가운데에 맞히는 일, 꼭 맞는 일을 뜻한다/역주)라는 말이 있지요? 책과 그것을 읽는 나의 저스트 미트라는 것도 가능할 것 같습니다. 책을 읽는 능력―성장기에는 나이와 매우 관계가 깊습니다―과 그 책을 위한 예비독서 그리고 지금까지 살아오면서의 경험이 저스트 미트를 만들어내는 것입니다.

여러분이 어떤 책과 저스트 미트하기 위해서는 그 책을 읽기를 서둘러서는 안 됩니다. 그리고 항상 자기가 읽지 않은 책에 눈을 밝히다가, 좋은 책인 것 같으면 우선 실물을 서점이나 도서관에서 보십시오. 여분의 돈이 있으면 사두는 게 가장 좋습니다. 그리고 계속 잊지 않고 있다가 어느 날, 그 책을 향해 타석에 들어서십시오.

2

그럼 이번에는 여러분이 『메논』을 잘 기억하도록 책 속의 유쾌한 부분을 이야기해보죠. 이미 초급 기하학을 배운 사람들에게는 이해하기 쉬운 내용입니다. 내가 아직 신제 중학교(1951년 학제 개편으로 만들어진 3년제 중학교/역주)에 다닐 때 한국에 있던 구제 중학교(일제 점령지에 설치되었던 5년제 정규 중학교/역주)에 다니다가 패전 후 곧장 일본으로 돌아와 되돌아가지 못했던—이제 그곳은 일본인 학교가 아니게 되어—어떤 청년한테서 구제 중학교에서 쓰던 교과서 여러 권을 받았습니다. 그중 기하 입문서는 혼자서도 공부할 수 있어서 열심히 공부했습니다.

소크라테스는 인간에게는 가르쳐주지 않아도 아는 것이 있음—이것은 플라톤의 사고방식에서 중요한데, 여기서는 더 들어가지 않겠습니다—을 증명하기 위해 아까 언급했던 메논의 노예 소년을 불러 기하의 도형에 대해서 이야기합니다. 우선 소크라테스는 정사각형 ABCD를 땅에 그립니다. 대화는 철학 공부를 위한 방법이지만, 바깥을 거닐면서 대화하고 있다는 점을 알 수 있죠.

정사각형 ABCD에는 각 변의 중앙을 가로지르는 EG, HF가 있습니다. 소크라테스는 그리스의 길이 단위로 AB의 길이를 2푸스_poús라고 함으로써—푸스는 영어의 풋_foot과 같은 뜻인데, 길이로는 오늘날의 피트보다 8분의 1인치가 더 깁니다—전체의 면적이 4제곱푸스라는 소년의 대답을 이끌어냅니다. 이제 소크라테스는 이 도형의 2배의 면적은 얼마냐고 소년에게 묻습니다. 물론 소년은 8제곱푸스라고 대답합니다. 그러면 도형의 한 변은 몇 푸스냐고 물었더니, 소년은 대답했습니다.

"물론 그것은, 소크라테스, 2배의 길이입니다."

이 대답은 틀렸습니다. 그래서 소크라테스는 또 하나의 도형을 그려서 소년에게 질문하고, 그가 스스로 자기의 실수를 발견하게 합니다. AKLM의 정사각형 면적은 처음 도형의 4배의 면적이지요. 한 변이 3푸스인 도형도 확실히 그려져 있습니다. 그리고 다시 소크라테스가 숫자로 말할 수 없다면 어느 정도 길이의 변인지 손가락으로 나타내보라며, 아까 도형의 2배의 면적의 정사각형 변의 길이를 묻자, 소년은 이렇게 대답했습니다.

"아니, 제우스에게 맹세컨대 소크라테스, 전 알 수가 없습니다."

계속해서 소크라테스는 도형 AKLM을 단순화합니다. 그리고 DB를 학자들이 사각형 ABCD의 대각선이라고 한다는 것, 이것을 한 변으로 삼으면 이 도형의 2분의 1 면적의 정사각형이 생긴다는 점을 소년에게 인식시킵니

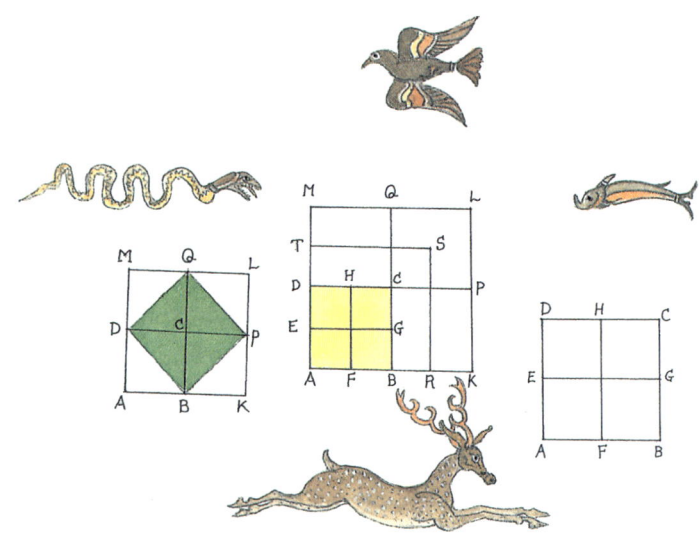

다. 한편 소년은 자기 눈으로 도형을 보면서 그것을 이미 이해하고 있습니다. 4배의 2분의 1이기 때문에 처음 도형의 2배, 다시 말해 듣고자 했던 정답이 나온 것입니다.

이 실험을 재료로 삼아서 『메논』에 "상기想起(아남네시스)"라고 번역되어 있는 플라톤의 중심 문제가 쓰여 있는데, 거기에 대해서는 이제 여러분이 저스트 미트의 독서를 하기까지 기다리기로 합시다.

여기에서 중요한 것은 아무리 철학의 고전이라도 어릴 때, 그 유쾌한 해설을 접할 기회가 있다면, 대체로 잊지 않고 있다가 어른이 되어서도 학습으로—학문이라고 이야기할 수도 있는 것으로—이어진다는 점입니다. 나는 시코쿠의 숲속에서 혼자 독서 공책 만들기와 나만의 방법에 따른 공부를 쉬지 않고 계속해옴으로써 현재의 내가 지금 여기에 있게 되었다고 절실하게 느낍니다.

3

내가 나 자신의 교육에 성공했다고 말하는 것은 아닙니

다. 현재의 자신게에 만족하고 있다는 말도 아닙니다. 내가 내 방법대로 해온, 독서 중심의 교육에 많은 구멍이 있음을 발견한 것이 사실이기 때문입니다. 그것을 상당 부분 고치기 위해서 특히 50대 후반부터 매일 노력을 기울이고 있다고 해도 지나친 말이 아닙니다. 그래서 언젠가는 소설 쓰기를 그만두고 책을 집중적으로 다시 읽어보려고까지 했습니다. 몇 살까지 더 살지 모르지만, 아마도 끝까지 그 틈을 전부 메울 수는 없겠지요.

다만 나는 여러분에게 어릴 때 여러분이 시작하는 자기를 위한 공부는 중단하지 않고 평생 계속할 수 있다는 사실을 나의 경험을 바탕으로 이야기하고 싶습니다. 그리고 아이였을 때, "좋았어, 이렇게 살아가자"고 생각해서 자기 나름대로 일구어가는 삶의 방식은 평생 유지된다는 점도 말해두고 싶습니다. 서둘러 덧붙이자면 그 방식은 바꿀 수 있으며, 스스로 좀더 좋은 방향이라고 생각되는 방향으로 바꿀 수 있다고 믿습니다.

계속하는 것은 중요합니다. 나는 여러분에게 숙제로 읽어 오라고 했던 글에 이런 말을 써두었습니다. 나의 어머니의 말씀을 되풀이하자면, 학교에 가서 공부하는 것은 어른이 되지 못하고 죽은 아이들의 말과 전부를 자기 안에서 계속해서 나아가게 하기 위한 것입니다. **잇는다**고 말해도 좋겠군요. 자기의 의사로 계속해서 나아간다는 것이 잇는다는 것입니다. 나 자신을, 어른이 되지 못하고 죽은 아이들과 잇는 것도 그 하나입니다.

나는 아이였을 때에 스스로 시작한 일을 이어나가자고 생각하고, 지금까지 계속해서 공부하고 일해왔습니다. 그러면서 어렸을 때의 나는 어른이 되면 지금의 자신과는 완전히 달라진 인간이 될 것이라고 생각했습니다. 아이인 나의 눈으로 보아도 어른은 모두 아무리 보아도 어른다워서 아이와는 다른 인간으로 보였으니까요.

그러나 나는 지금 어른이 되었고 게다가 이제 노인이라고 해도 좋을 나이가 되었습니다. 아까 이야기했던 플라톤의 『메논』에 나오는 대화에서 소크라테스는 죽기 3년 전의 나이로 설정되어 있는 듯합니다. 67세라면, 대체로 지금의 내 연배입니다. 지금 확실히 알 수 있는 사실은, 무엇보다 어른과 아이는 계속된다, 이어져 있다는 것입니다. 이것이 지금까지 살아온 내가, 만약 아이였던 반세기 전의 나에게 말해줄 수 있다면 말하고 싶은 첫째 비밀이라고 생각될 정도입니다.

만일 내가 살아온 방법이 틀린 것 같다면 그 자리에서 죽지 않고 삶을 다시 시작할 수 있습니다. 그것은 아까 중요하다고 말한 그대로입니다. 조금 어렵지만, 이것도 나의 새로운 잇기를 발견하는 것이라고 생각합니다.

그렇지만 근본적으로는, 다시 말해 대부분의 사람들은 아이 때부터 어른이 되기까지, 자기 안의 "인간"은 서로 이어져 있다, 계속되고 있다고 생각해도 좋을 것입니다. 그리고 그것은 자기 한 사람 안의 "인간"이 일본인의 그리고 인류 전체의 역사와 이어져 있다는 것이겠지요. 나의 어머니는 이것을 나에게 가르쳐주었습니다.

미래의 관점에서 말하면, 어른이 된 여러분과 지금 여러분 안의 "인간"이 계속된다는 이야기입니다. 더 나아가 미래의 일본인과 인류와도 이어질 것입니다. 모쪼록 여러분, 지금 자기 안의 "인간"을 소중히 여기십시오. 이것이야말로 내가 여러분에게 가장 전하고 싶은 말입니다.

사람이 떠내려온 날

1

나의 기억에 새겨져 있는 한에서는, 전쟁이 끝난 해의 가을부터 겨울에 걸친 기간과 이듬해 장마철, 그리고 또다시 가을에서 겨울에 걸쳐서 큰비가 내렸습니다. 강한 바람도 함께 왔습니다.

온종일 정전이 계속된 채로 맞은 한밤중의 어둠 속에서, 어머니를 둘러싼 아이들이 거실에서 작은 원을 그리고 앉아 있는—촛불 속에 서로의 불안한 얼굴이 떠올라 있는—정경을 생각합니다.

빗소리에 섞여 바람이 휘몰아치는 소리가 높아질 때마다 불어난 강물이 흘러가는 소리, 강 건너 벼랑 쪽 숲을 바람이 흔들어대는 소리, 끼익거리는 시끄러운 소리까지 점점 더 가까이 들려왔습니다.

끼익거리는 소리는, 강으로 내려가는 좁은 돌길 하나를 사이에 둔 이웃의 커다란 집에서 나는 소리였습니다. 그 이층집의 벽이 전체적으로 우리 집 쪽으로 기울어져 있다는 사실은 내가 동생을 조수로 삼아서 연줄에 추를 매달아 해본 조사로 확실해졌습니다. 이웃집이 우리 집을 덮칠 듯이 기울어진 것은 그런 실험을 하지 않고 돌길에서 올려다보기만 해도 분명했지만…….

도쿄에서 지금처럼 생활했더라면 이런 상태에서는 이웃집에 항의하러 가서 보강구조를 설치하게 하거나 해서 어떻게든 타협을 보았겠지요. 항의가 먹힐지 어떨지는 또다른 이야기지만 말입니다…….

그러나 나의 어머니는—이미 할머니와 아버지는 돌아가셨습니다—옆집 아주머니께 불평을 하지 않았습니다. 이웃집에서도 전쟁 중에, 아니면 전쟁 후의 혼란기에 그처럼 간단하게 공사를 시작할 리가 없었고, "일을 크게 만드는" 것은 당시 마을 생활에서 이웃끼리 적절하지 않았기 때문입니다.

이런 이유로 격렬해진 비바람 속에서 정전이 된 밤에—거의 매일같이 정전이 되었고, 고치는 것은 거의 다음 날 한낮이 지나서였습니다—우리 집에서는 지금까지도 내가 선명하게 기억하는 광경이 연출되었습니다.

그 시절에는 큰비가 내릴 때마다 골짜기 물이 불어났는데, 그것을 우리 지방에서는 "큰물"이 난다고 했습니다. 그런데 때때로 강이 범람하게 된 이유는 전쟁의 불길에 타버린 주택을 재건하려고 무계획적으로 숲의 나무를 마구 잘라낸 탓이었습니다.

지금 "큰물"이라는 단어를 쓰면서 함께 머리에 떠오른 것은 집중호우 끝의 갑작스런 홍수, 혹은 큰 산사태 같은 더욱 무시무시하면서도 강하게 흥미를 끄는 말들입니다. 또한 강의 상류에서 수직으로 깎아지른 물의 벽이 밀어닥치는—역시 놀라워하면서 이야기를 들었던—광경입니다.

나무 심기는 재빨리 시행되어 효과를 거두었고, 또한 둑이 무너지지 않도록 하는 호안護岸 공사도 철저히 이루어져서 요즘은 "큰물"을 볼 수 없다고 우리 마을 사람들은 말합니다. 마을의 젊은이들이 중심이 되어 콘크리트가 눈에 띄는 새로운 강기슭 안쪽에 나무를 심거나 강 흐름을 둘러싼 환경을 자연에 가깝게 되돌리려고 하는 운동도 진척되고 있습니다.

이제부터 내가 쓰려고 하는 것은 "큰물"에 대한 추억입니다. 그렇지만 어두운 한밤중, 비바람 속에서 집 아래쪽을 격렬하게 흐르던 강에 무슨 애틋한 추억을 가지고 있다는 뜻은 아닙니다. 물이 불어 큰 소리로 흐르고는 있었지만, 일단 강의 위험에서는 벗어난 한낮, 가슴을 두근거리면서 구경했던 거대한 장관의 추억입니다.

그런 일이 자주 일어나지는 않았습니다. "큰물"이 많았던 한두 해 사이에도 나로서는 두세 번 본 것이 전부입니다. 그렇지만 그 장관이야말로 내 유년시절의 가장 눈부신 자연현상으로 기억에 남아 있습니다.

무시무시한 비바람의 밤이 끝나고 아침이 밝아왔습니다. 빗줄기는 더 굵어졌지만, 하늘은 그다지 어둡지 않았던 오전에, 마을을 따라 나 있는 도로변의 강 상류 쪽에서 달려오던 몇몇 남자들이 "사람이 떠내려오는데!"라고 외치면서 시작되었습니다.

 강하게 발음되는 "-데"라는 어미는 앞의 단어나 문장을 강조해서 주의를 촉구하는 구실을 합니다. 또한 놀람이나 감탄을 포함하고 있는 것처럼 들리기도 합니다.

 달려오는 남자들의 외침을 듣자, 거리의 사람들은 일이고 뭐고 다 팽개치고 도로로 뛰어나왔습니다. 아이들은 말할 것도 없었습니다. 그리고 **일단** 강 하류를 향해서 내달렸습니다. 우리도 소리를 질렀습니다. 미국 원주민의 습격을 알리는 서부영화 속 전신처럼, 그 외침은 차례차례 위기를 알리며 뛰어가는 사람보다도 빨리 퍼져나갔습니다.

 아이들에게는 외침을 듣고 집에서 뛰쳐나오면 달려가는 곳이 정해져 있었습니다. 마을의 거의 한복판을 가로지르는, 강 건너편 마을을 향하는 도로가 지나가는 강 위에 콘크리트 다리가 있었습니다. 그 큰 다리 위의 조건이 좋은 위치에 진을 치고 "떠내려오는 사람"이 탁류를 타고 떠내려오기를 줄곧 기다리는 것이었습니다.

2

 우리 마을의 계곡을 흘러가는 강은 폭이 보통 10미터에 못 미쳤습니다. 수심이 얕고 폭이 넓은 여울에서도 그 정도니까, 이쪽이 바위고 맞은편이 빽빽한 대나무숲인 깊은 곳에서는 폭이 한층 더 좁아집니다. 한낮이면 햇빛에 물이 투명해져 강바닥 자갈 위에서 작은 물고기들이 물을 거슬러올라가는 것이 보였습니다.

 마을 길은 아주 짧아서 잠깐만 벗어나면, 반짝반짝 빛나는 한가로운 강을 노변에서 내려다볼 수 있습니다. 철이 되면 은어가 올라오고, 날이 아직 쌀쌀한데도 아이들은 헤엄을 칩니다. 조금 나이가 든 사람들은 강 건너편 벼랑까지 헤엄치려고 물이 불어나는, 며칠 비가 내려 강물이 옅은 파란색으로 탁해질 때를 기다릴 정도였습니다.

 "큰물"이 나면 이처럼 고요한 강도 완전히 변합니다. 강의 폭은 30미터를 넘을 만큼 넓어집니다. 짙은 흙색으로 탁해진 물살이 엄청난 기세로 흘러내려옵니다. 특히 흐름이 세지는 강 한가운데에서는 물살이 온갖 것들을 밀어내면서 작은 산처럼 불룩 솟아 보이기도 합니다. 강을 가로지르는 콘크리트 다리는 두 개의 굵은 타원형 교각으로 서 있었습니다. 폭이 넓어진 강에서 튼튼하게 물의 흐름을 견디는 두 개의 교각 사이의 다리 위가 "큰물"을 구경하기에는 최고의 자리였습니다.

그곳에서는 작은 산처럼 불룩하게 솟은 세찬 물이 정면으로 밀려왔습니다. 소란스레 흘러서 내려오는 것은 상류에서 일어난 산사태나 갑자기 불어난 물 때문에 떠내려온 파괴된 집들, 쓰러진 나무, 거기다 생각지도 못할 온갖 잡다한 물건들이었습니다. 형태를 그대로 갖춘 채로 떠내려오는 집도 있었습니다. 간신히 지붕으로 기어올라가서 용케 물에 빠지지 않고 떠내려오는 사람을 발견하면, 외치는 소리가 일어나기 마련이었습니다.

"사람이 떠내려오는데!"

내가 처음으로 본 "떠내려오는 사람"은 오래된 농가 건물에 걸터앉아 있었습니다. 두터운 초가지붕이 기울어져서 반쯤 물에 잠겨 있었습니다. 이미 노인처럼 보이던 "떠내려오는 사람"은 시무룩하게 머리를 떨구고 옆을 보고 앉아 있었습니다. 구경꾼의 존재는 신경도 쓰지 않았습니다. 벌써 먼 거리를 흘러온 모습이었습니다. 다리 위에서 우리가 맛보고 있는 흥분은 이 사람 안에서 잦아들고 있었겠지요. 좀더 내려가면 강의 폭이 훨씬 넓어지면서 기세가 누그러지고, 결국에는 흘러가던 집도 배가 좌초하는 것처럼 멈출 터였습니다. 그곳에는 소방단 사람들이 구조를 위해서 대기하고 있었습니다.

고등학교에서 친구가 된 동급생한테 빌린 이부세 마스지(1898-1993, 예리한 풍자로 유명한 소설가/역주)의 『액막이 시집厄除け詩集』을 읽었을 때, 나는 "떠내려오는 사람"을 떠올렸습니다. 존경의 느낌이 도는 그리움으로…….

> 산봉우리의 눈이 갈라져서 / 눈이 무너져 내린다 / 그 눈사태를 / 곰이 타고 있다 / 다리를 꼬고 앉아 / 한가로이 / 담배라도 피울 듯한 모습으로 / 거기에 한 마리 곰이 있다
>
> ―「눈사태」

3

내가 본 "떠내려오는 사람"의 가장 드라마틱한 모습은 그다음이었습니다. 시끄럽게 몰려오는 흐름 한가운데에 두 채의 작은 집이 서로 이웃하고 있었습니다. 기와지붕 한쪽에, 골짜기 학교의 1학년인가 2학년 위의 한 여학생이 올라가 있었습니다. 약간 까무잡잡하고 남자아이처럼 야무진 얼굴에 몸집이 작은 아이였습니다. 내가 금방 그 아이임을 어떻게 알아볼 수 있었는지 좀 의아하기는 하지만⋯⋯.

기억에 확실히 남아 있는 것은 다리 바로 앞에서 그 아이가 보여준 행동이었습니다. 흐름을 그대로 따라가면, 소녀가 타고 있던 집은 교각과 정면 충돌할 것이 분명했습니다. 충돌하지 않더라도 교각에 가로막힌 물살이 일으키는 거대한 파도로 뒤집힐지 몰랐습니다. 다리 위에서는 위험을 알리는 목소리들(주로 어른들의 목소리)이 터져나왔습니다.

소녀는 다가오는 교각을 보면서, 냉정하고 과감하게 어떻게 해야 할지를 스스로 결정한 듯했습니다. 소녀는

조금 떨어져 있는 다른 한 채의 집 지붕으로 훌쩍 건너뛰었습니다. 소녀가 있던 집은 교각에 부딪쳐서 가라앉았고 나머지 한 채의 집은 강 하류로 떠내려갔습니다. 작은 새처럼 양철지붕에 우두커니 서 있는, 어딘가 당당해 보이는 소녀를 태우고서…….

세찬 물결이 완만해진 하류에서 구조된 소녀는 마을의 전설적인 인물이 되었습니다. 전쟁이 끝난 지 이미 5년째 되는 해였는데, 중학교 학생 농업협동조합의 조합장이었던 나는 사회과 선생님의 도움을 받아 병아리를 키우는 온실을 잘 관리했지만, 그 외에 하는 일이라고는 아이들의 자잘한 예금을 모아서 어른들 농협에 예치하는 일뿐이었습니다.

그래도 분발해서 일을 계속한 까닭은 농협에서 우리들의 예금을 접수하는 담당자가 바로 그 소녀였기 때문이었습니다. 학생들의 예금액은 정확하게 계산되어 있었지만, 종이상자 속의 대부분을 차지했던 동전은 일일이 세어야만 했기 때문에, 소녀는 내가 나타나기만 하면 언제나 큰 소리로 불평을 늘어놓았습니다.

"아아, 꼬마 조합장이 오면 기분이 좋지 않아!"

다시 몇 년인가 지났을 때, 나는 그 아가씨가, 부인과 아이가 있는 농협의 중역과 오사카로 도망쳤다는 소문을 들었습니다. 사실인지 어떤지 확인해보지는 않았지만, 소문을 전하는 어른들이 모두 비난하는 말투를 띠고 있었습니다. 그러나 나는—잠자코는 있었지만—생각이 달랐습니다.

"'큰물' 속에서 지붕에서 지붕으로 건너뛴 여자아이가 결심한 일이다. 이건 옳은 일이다!"

내가 대학교에 들어가서 선택한 학과는 프랑스 문학과였는데, 사르트르라는 작가이자 철학자의 책을 주로 읽었습니다. 그리고 그의 책에 자주 나왔던 "choix(선택)", "dignité(위엄)"이라는 프랑스어 단어를 볼 때마다, "큰물" 속에서 지붕에서 지붕으로 건너뛰는 소녀의 모습을 떠올렸습니다.

살아가기 위한—살아남기 위한—선택은 결국 혼자서 하는 수밖에 없습니다. 내게도 필사적으로 그렇게 해야만 할 때가 찾아오겠지. 나는 생각했습니다. 그럼 그때 그 소녀처럼 끝까지 최선을 다하고, 더욱이 새로운 지붕을 타고 떠내려가는 소녀의, 작지만 당당했던—위엄이 있었던—모습에 다가가고 싶다. 내가 그렇게 될 수 있다면 얼마나 좋을까, 하고 말입니다…….

탱크로의 머리 폭탄

1

내가 어릴 때에는 이미 「노라쿠로」나 「모험 소년 단키치」의 유행이 수그러들었던 탓도 있지만, 새로운 만화 중에도 재미있는 작품이 없었던 것 같습니다. "시대의"라고 해야 할지, "사회의"라고 해야 할지, 전체적인 분위기가 만화와는 걸맞지 않았다고도 할 수 있겠지요.

만화책을 손에 넣는 일 자체가 어려웠습니다. 그 얼마 전에 출판된, 방금 말했던 「노라쿠로」나 「모험 소년 단키치」는 겉표지를 두껍고 단단하게 만들어서 지금의 만화잡지에 비교해봐도 손색이 없다고 생각하지만 말입니다. 내가 초등학교에 들어가기 전에 가지고 있던 책은 어머니가 애써서 사준 『탱크 탱크로』 한 권뿐이었습니다.

또 하나는―한 권의 책이라고 말하기는 어려웠습니다―어떻게 해서 집에 있었는지 모르지만, 외국 신문이나 잡지에서 오려낸 것이었습니다. 이것들은 상자에 들어 있었는데, 「고양이 펠릭스」라는 것과 「알파파 할아버지」라는 두 편의 시리즈였습니다.

전쟁이 끝나고 꽤 시간이 지난 후, 만화 「고양이 펠릭스」는 낯선 외국 잡지에서 보았고 그것을 프린트한 티셔츠도 발견했습니다. 「알파파 할아버지」도 우연히 텔레비전에서 본 적이 있습니다. 그러나 그것들은 내 기억과는 어딘가 다른 느낌이 들어서 도무지 낯설었습니다.

그러나 캘리포니아의 버클리의 대학교에서 일했을 때, 거기서 지하철로 갈 만한 거리에 있는 샌프란시스코의 고서점에서 그리운 「고양이 펠릭스」를 우연히 보았습니다. 고서점이라고 해도 커다란 건물이었는데, 진귀한 책을 모아놓은 2층 구석의 특별한 방에 전쟁 전의 「고양이 펠릭스」가 게재된 잡지나 부록 등이 한자리에 있었던 것입니다.

그러나 내가 때때로 그 고서점을 찾은 이유는 시인이

자 판화가인 윌리엄 블레이크의, 이미 새 책으로는 구할 수 없었던 자료를 모으기 위해서였습니다. 「고양이 펠릭스」는 그날 발견했던 블레이크의 멋진 판화가 삽입된 책과 가격이 같았습니다. 나는 오랫동안 망설이다가 블레이크 쪽을 택했습니다. 서점의 젊은이가, 주인한테는 비밀이라면서 펠릭스 그림을 한 장 복사해서 내게 건넨 까닭은 내가 너무나도 진지하게 어느 쪽을 구입할지 고민했기 때문인 듯합니다.

『탱크 탱크로』의 주인공 탱크로는 표지를 책싸개로 싸서 소중하게 읽었습니다. 책 싸는 방법을 가르쳐준 사람도 어머니였는데, 나는 지금까지도 똑같은 방식으로 일본 과자 상자의 포장지나 달력 종이로 책을 싼 다음에 읽기 시작합니다. 벌써 50년 동안 계속해온 일입니다!

탱크로는 검고 둥근 철제품인데, 몸통에 구멍이 몇 개 뚫려 있었습니다. 그 구멍에서 사무라이처럼 상투를 튼 왕눈이의 얼굴이 나왔습니다. 긴 장화를 신은 발과 팔도 구멍을 통해서 나왔고, 그뿐만 아니라 비행기의 날개나 프로펠러까지 나왔습니다.

온갖 무기가 필요한 까닭은 탱크로가 전쟁터에서 키공公이라는 작은 원숭이를, 부하라기보다는 친구처럼 데리고 다니면서 함께 적군과 맞서 싸우기 때문입니다.

『탱크 탱크로』를 만든 만화가는 사카모토 가조라는 사람입니다. 그래서 나는 입에서 엄니牙 두 개가 나와 있는 남자를 책싸개의 중앙에 그려넣었습니다. 어느 날, 그것을 본 아버지가 가조牙城라는 것은 대장의 깃발이 세워져 있는 진지를 말하는 것이라고 가르쳐주었습니다. 초등학교에 들어가지도 않았을 때부터 전쟁놀이를 했던 나는 아버지의 말씀을 금방 이해할 수 있었습니다.

어른이 된 후에『탱크 탱크로』의 추억을 글로 썼다가, 가조雅城라는 서명이 들어 있는 남화南畵―중국에서 들어온, 담채와 묵을 부드럽게 써서 그리는 기법의 동양화―의 화집과 작가의 가족이 쓴 편지를 받았습니다. 아무래도 전쟁을 겪은 시대의 느낌이 드는 이름에서 아름답고 우아한 성城이라는 이름으로 고쳤는가 싶었는데, 본명인 듯했습니다. 그래도 확실히 한자 숙어로서의 의미가 있는 가조가 나은데, 하고 나는 생각했습니다.

2

 여기서 화제를 바꾸겠습니다. 오래 전에 중국의 주룽지 총리가 일본에 온 적이 있습니다. 정치인들과 사업가들을 함께 만났는데, 텔레비전을 통해서 일본 시민과 대화를 하기도 했습니다. 1명의 총리와 100명의 시민이 나누는 대화라는 형식이었으니, 참석했지만 발언은 못한 사람들이 많았을 겁니다. 그래도 대화가 기획된 것은 좋다고 생각합니다. 이건 더더욱 예전 일인데, 역시 중국 정부의 고위직에 있던 분을 환영하는 파티에 참석한 일입니다. 일본과 중국의 문화교류를 추진하는 모임에 참가했던 나는 그분의 말씀을 듣고 싶어서 표를 샀습니다.

 연회장으로 들어갈 때, 파티의 참석자는 모두 그 정치인에게 인사를 해야 했습니다. 아마 일본 측에서 환영의 의미로 계획한 것이었겠지요. 참석자 모두가 긴 행렬 속으로 들어갈 수밖에 없었습니다. 생각보다 행렬은 빨리 줄어들었지만, 내가 인사할 차례쯤 되었을 때, 정치인은 이미 진지러기가 난 모습이었습니다.

 내 앞의 노인―중국을 상대로 무역하는 사람인 듯했

습니다―과 악수를 나눌 때 그는 벌써 내 쪽을 보고 있었습니다. 악수하는 노인의 회사 이름 등을 옆에서 통역해주고는 있었지만, 제대로 듣는 것 같지 않았습니다. 그리고 내가 악수할 차례가 되자 정치인은 내 다음 사람을 쳐다보고 있었습니다.

여러분이 아버지 때문에 이런 모임에 끌려갔다면, "어른들은 왜 이렇게 무의미한 의식을 하는 걸까" 하고 의문을 가질지 모릅니다. 나는 어른인데도 그렇게 느꼈기 때문에, 이후로는 외국 정부의 높은 사람의 환영회에는 가지 않기로 작정했습니다. 실은 주 총리의 일본 방문을 환영하는 큰 파티의 안내장을 받았지만, 참석하지 않았습니다. 텔레비전으로 일반시민과 대화하는 무대가 마련된다는 사실을 알고, 그분이 얼마나 다행스러워할까 하고 생각한 것은 이런 이유에서였습니다.

3

신문기사를 보면 질문과 대답은 교묘하게 맞물려 있다

는 생각을 하게 됩니다.

내가 중요하다고 느낀 것은 "1995년 (당시의) 무라야마 도미이치 총리가 개괄적으로 아시아인들에게 사죄했지만, 일본은 모든 공식 문서상에서 단 한 번도 중국에 대한 침략전쟁을 사죄하지 않았다"는 주 총리의 구체적인 지적이었습니다.

나는 일본 정부의 고위관리라는 사람들이 외국에 대해서 구사했던—특히 아시아 여러 나라에 행했던—미사여구로 포장한 모호한 내용의 인사치레가 항상 마음에 걸립니다. 포장은 아름답지만, 뜯어보면 자기가 원했던 물건은 아무것도 들어 있지 않은 선물에 내심 실망했던 경험을 여러분은 기억하고 있지 않습니까?

그 말을 듣고 기분전환을 하자는 말은 아니지만, 나는 그 토론에 참여했거나 혹은 텔레비전으로 보고 있던 젊은이들이 중국 총리의 뼈 있는 말을 선명히 기억하고 있으리라고 생각합니다.

애초에 주 총리는 일본인 참여자로부터 "언제까지 일본에 사죄를 요구할 것이냐"라는 질문을 받고 답변한 것이었습니다. 아울러 주 총리는 "언제까지고 일본에 사죄를 요구하지는 않을 것이다. 그러나 사죄할지 사죄하지 않을지는 일본인 자신들의 문제이다. 생각해주었으면 좋겠다"라고 했습니다.

이것 역시 분명히 뼈가 있는 말이었습니다. 정말로 그것은 일본인의 문제입니다. 그리고 "일본인이 (스스로) 사죄할 결심을 굳히고 실천하는 일이 어째서 (자신에게) 필요한가?" 여러분에게 이런 질문을 받는다면, 나는 그것은 "(자신의) 자존심을 위해서"라고 대답하겠습니다.

일본인은 중국에 쳐들어가서 여성을 폭행하거나 어린이를 포함하여 많은 사람들을 죽였습니다—그중의 하나가 난징 대학살南京大虐殺입니다. 그것은 여러분을 기준으로 말하면 할아버지 세대가, 아니면 그보다 더 윗세대의 일본인이 자행했던 일입니다. 따라서 여러분에게 자존심이 있다면 그 사건이 나와는 관계가 없다고는 말하지 않으리라고 생각합니다.

이제까지 이런 것들을 잘 몰랐다면, 공부해야 합니다. 그렇게 한다면 (우리) 일본인이 자행한 침략전쟁을 국가의 공식 문서로 사죄할 때에 여러분이 반대할 까닭은 없습니다. 여러분 반 친구 중에서 약한 상대에게 심한 짓을 한 사람이 언제까지나 사과하지 않는다면, 여러분은 그 사람을 용기 없는 인간으로 생각하고 경멸하겠지요.

내 또래의 노인들 중에는 아직 여러분이 태어나지 않았던 때부터 지금까지 줄곧 새로운 역사 교과서를 만들자고 하는 사람들이 있습니다. 그리고 그것은 일본의 아이들—여러분을 말하는 것입니다—이 자존심을 가지게 만들기 위해서라고 합니다. 어떻게 말인가요? 역사 교과서에서, 중국을 위시한 아시아의 여러 나라들을 우리 나라가 침략했다고 하는 문장을 지우면서 말입니까!

나는 여러분들 대부분이 거꾸로 된 이야기가 아닐까 하고 느끼리라고 생각합니다. 이러한 거꾸로 된 이야기를 (자신들을 위해서) 하지 않았으면 좋겠다며 화를 내는 사람들도 있을 것입니다. 일본의 중학교와 고등학교의 모든 역사 교과서에서 일본인이 아시아의 여러 나라들을 상대로 저질렀던 끔찍한 일들에 대한 기록이 삭제되고, 일본 아이들이 모두 그것에 대해서 알 수 없게 된다고 해도, 일본을 둘러싼 아시아 여러 나라의 아이들은 역사의 진실을 알고 있습니다. 그런데 미래에 여러분은 그들과 서로 이야기하고 함께 일하고, 새 세상을 만들어야 합니다.

나는 중국인들이 "이제 일본에 사죄를 요구하지 않겠다"는 말을 하는 날이 오는 것이 두렵습니다. 물론 일본 정부가 마침내 공식 문서로 사죄를 한 이후라고 한다면 기쁜 일입니다. 하지만 그렇지 않고서 중국인들이, 특히 그 젊은이들이 이렇게 말하기 시작한다면, 미래에 그들과 여러분은 진실로 좋은 관계를 맺을 수 있을까요?

4

다시 한번 『탱크 탱크로』 이야기로 돌아가겠습니다. 어느 날 탱크로는 키 공公의 부주의로 적군 사자한테 물려서 구멍 속 상투머리를 뽑히고 맙니다. 머리가 질질 끌려나오니까 **목**은 뱀처럼 길게 늘어지는데, 사자는 그대로 머리를 물고 가버립니다. 키 공이 걱정스레 지켜보고 있는

데, 사자가 무거워서 뒤에 버린 동그란 쇠 몸통에서 멀쩡한 탱크로의 머리가 나옵니다. 탱크로는 기다랗게 들판에 늘어져 있는 **목**처럼 생긴 것을 도화선으로 삼아, 사실 폭탄이었던 **가짜** 머리로 사자를 폭파시켜버립니다.

나는 아직 학교에 입학하지 않은 아이였는데도, 만화에 그려진 적군 병사들 중에서 그때 어른들이 사용했던 말로 지나인支那人(중국인/역주) 비슷한 모습의 사람들이 있다는 사실을 눈치챘습니다. 실제로 본 적도 없는 중국인에 대해서 그런 이미지를 심어주는 교육이 일본 아이들에게 시행되고 있었던 것입니다. 나는 키 공과 함께 걱정하고 탱크로의 계략에 매우 기뻐했지만, 그것은 중국을 침략하는 일본군대의 대열에 아이의 마음으로 서는 것과 마찬가지였습니다.

나는 탱크로가 곤경에 빠져 "이제는 구조받지 못하겠어" 하고 생각하는 걸 보면 키 공과 함께 마음 아파하면서도—몇 번씩 읽어도 그랬습니다—탱크로의 활약으로 나가 떨어져버리는, 중국인을 연상시키는 적군의 **생명**에 대해서는 아무런 생각도 없었습니다.

탱크로의 머리 폭탄

책을 읽는 나무의 집

1

어렸을 때 나는 갖가지 책들을 읽으려고 노력했습니다. 중학교 2학년쯤부터 졸업할 때까지, 내가 읽고 싶은 책은 어떻게든 손에 넣을 수 있었습니다. 그러나 책이 재미있었던 것은 아니었습니다. 읽기 시작하면 금방 빠져버리는 책이라면 노력할 필요가 없습니다. 선생님이나 나보다 나이가 위인 친구들한테서 이야기를 듣고는, "읽는 게 좋겠어, 읽고 싶어"라고 해서 겨우 손에 넣었는데, 실제로 읽어보면 끝까지 읽기 힘든 책들이 있었습니다.

  직접 읽어보고는 "이건 훌륭한 학자와 작가가 쓴 책이지만, 나한테는 맞지 않아" 하고 평가할 수 있는 책이라면 괜찮습니다. 읽기를 포기하든지, 뒤로 미루어놓든지

하면 되니까요. 그 무렵에는 그런 책을 넣어두는 책장도 가지고 있었습니다. 좀더 자라서 그 책이 재미있어질 때 읽으면 되고, 그래도 흥미가 생기지 않으면 자기의 책임이라고 생각하면 되는 것이었죠.

그러나 스스로도 읽는 것이 좋은 줄 알면서도 여간해서 읽어나갈 수 없는 책이 있었습니다. 바로 떠오른 책이 톨스토이의 일기입니다. 그것을 알아챈 나는 어떤 책이든 10쪽을 읽고 나서 끝까지 읽지 않는 것은 부끄러운 일이라고 단단히 다짐했습니다.

그래서 노력이 필요하게 되었습니다. 나는 이런 특별한 책을 읽기 위한 장소를 만들었습니다. 집 뒤쪽에서부터 강바닥이 드러난 강변으로 내려가기 전까지의 편편한 땅에 어머니가 일구어놓은 밭이 있었습니다. 어느 날, 내가 번역된 어린이 책을 보고 무거워 보이는 둥근 채소의 이름을 배우고는 "100살까지 살아서 언젠가는 양배추를 먹고 말거야!" 하고 말했더니 어머니가 사람들에게 부탁해서 종자를 받아오셨습니다. 그러나 그보다 먼저 책에 그려진 대로, 잎이 말려 있는 둥근 채소를 만

들어주셨습니다!

전쟁 중반부터 식량이 부족해지자 어머니가 밭으로 만든 곳은—뒤에는 보리를 경작했습니다—원래는 감나무가 있던 자리였습니다. 돌담을 쌓아서 강변보다 높은 밭의 **언저리**에는 비파나무와 무화과나무가 있었습니다. 봄이 되어 식물이 싹을 틔우고 떡잎이 하루 만에 어느 정도 생생하게 자라는지 내가 새삼스러운 마음으로 관찰했던 장소도, 할아버지와 아버지도 품종개량에 참가했던 것 같은 이 작은 감나무 밭이었습니다.

비파나무에 아이가 올라가서는 안 된다는 말이 마을에 돌아서, 남동생과 함께 어떻게 열매를 딸까 고심하기도 했습니다. 어느 해 무화과나무 열매가 다 열리고 얼마쯤 지난 후, 부스럭거리며 마른 소리를 내는 잎의 그늘에서 믿지 못할 정도로 커다란 열매를 한 개 발견하고는 "인생"은 좋은 것이라며 실제로 이 말을 머릿속에 떠올렸던 때도 있었습니다.

이 나무들에서 조금 떨어진 곳에 단풍나무가 있었습니다. 나는 둥치에서 줄기가 몇 개인가 갈라져 뻗어나간 곳에 판자를 깔고 밧줄로 고정시켜 그 위에 책을 읽을 수 있는 "집"을 만들었습니다.

훨씬 시간이 지나서 방송국에서 일을 하게 된 나는 원자폭탄과 수소폭탄을 어떻게 없앨지를 생각하는 세계 방방곡곡의 사람들의 이야기를 들으러 다녔습니다. 프린스턴 고등연구소에서 만난 물리학자 프리먼 다이슨과 일 이야기를 마친 후, 그의 아들에 대해서 물었습니다. 높은 나무 위에 집을 짓고 살고 있다는 기사를 신문에서 읽은 적이 있었기 때문입니다.

> "아들은 나무에서 내려왔고, 지금은 알래스카의 바다에서 원주민의 카누를 개조한 배를 탑니다."

다이슨 씨는 즐거운 듯 대답했습니다. 어쨌든 나는 책을 읽는 나무 위의 집에서, 앞서 말한 도저히 읽을 수 없는 책을 읽기로 했습니다. 그러지 않아도 하루에 한 번은 나무 위의 집이 어떤 상태인지 살펴야 했습니다. 그때 나는 그 책을 가지고 나무에 올랐습니다. 거기서는 다른

책은 읽지 않았습니다. 그랬더니, 어느새 그것과 똑같이 어려운 다른 책으로 옮겨갈 수 있게 되었습니다.

지금 나에게 책을 읽는 나무의 집을 대신하는 곳은 전철입니다. 어른이 되고 보니 이 책이 중요한지 그렇지 않은지는 경험을 통해서 알 수 있게 되었습니다. 그래도 역시 읽어나가기 어려운 책이 있습니다. 나는 일주일에 몇 번쯤 수영 강습을 받으러 가는 전철에서 이런 책들을 읽습니다. 수영복과 물안경을 넣은 배낭에 책과 그 책이 외국어라면 사전과 메모용 연필밖에 넣어두지 않기 때문에, 전철을 타기만 하면 책을 읽게 됩니다. 그리고 수영을 시작하기 전에 수영장의 휴게실에서 그 책을 계속 읽는다면 이제 걱정은 없습니다.

종종 전철에 함께 탄 중학생이나 고등학생이 만화잡지를 읽는 모습을 보곤 합니다. 그렇게 재미있는 책은 교실의 책상에 앉아서도—쉬는 시간에라도—읽을 수 있지 않을까요? 달리 할 일 없이 가만히 있는 30분의 통학이 매일 두 번씩 있다면, 그 시간에는 보통 때는 읽기 힘든 책을 가방에 넣고 다니면서 읽기를 권합니다.

2

그런데 나도 전철 안에서 책 읽기를 그만두고 귀를 기울인 적이 있습니다. 나가노 현에서 새로운 지사를 뽑은 다음 주였습니다. 그 지사가 인사차 건넨 명함을 구겨버린 어떤 국장에 대해서, 텔레비전으로 그 광경을 본 여중생들이 이야기를 나누고 있었습니다.

여중생 한 명이 "어린애 같은"이라고 말해서 나는 흥미가 생겼습니다.

"나도 어릴 때 이런 말을 생각했던 적이 있었지, 고등학교에 들어가서는 사전을 찾아서 영어하고 비교도 했었는데"라는 생각도 했습니다.

처음에 신경이 쓰인 것은 "아이답다"와 "아이 같다"라는 두 개의 표현이었습니다. 전자라면 이런 말을 들어도 별로 신경이 쓰이지 않지만 후자라면 화가 치미는데, 그 이유가 궁금했습니다.

국어사전을 보고, "아이 같다"라는 말에는 아이가 아닌데도 아이와 같아 보인다는, 분명히 나쁜 뜻이 있기 때문에 나의 느낌을 이해할 수 있었습니다. 어린아이에게도 "아이 같다"라고 말할 때가 있는데, 그것은 별로 좋은 쪽이 아닌 아이다움에 대한 뜻이라고 생각했습니다.

"아이답다"는 말은 나쁜 말이 아니지만, 나는 정말로 아이일지라도 좋은 의미로도 "아이답다"는 말을 들을 짓은 하지 말자, 그리고 이 결심을 내가 만든 규칙에 덧붙이자고 생각했습니다. 원래부터 나는 "아이 같은" 성격이라고 스스로 느끼고 있었는데, 고치고 싶었습니다.

고등학생이 된 후 나는 영어로 "아이답다"를 뜻할 때 좋은 어감의 childlike와 나쁜 어감의 childish가 있음을 알게 되었습니다. 그리고 미국의 대학교에서 일할 기회가 거듭되는 사이에, 사람의 동작이나 의논을 할 때의 태도에 대해서 childish라는 말을 듣는 것은 어릴 적에 느꼈던 바보다 훨씬 더 강하게 사회적으로 비난받는 것이라는 사실을 깨닫게 되었습니다.

내가 전철 속에서 들었던 여중생들의 비판은 현청에 근무하는 어른이 자신이 받았던 명함을 찢은 것을 두고 childish한 행동이라고 말한 것이었습니다.

이에 대해 다른 여중생은 "우리 아빠도 말했지만" 하

고는 "유연한 현청이라는 걸 잘 모르겠단 말야" 하고 덧붙였는데, 이렇게 추상적인 말을 써서는 곤란합니다!

수영장에 도착해서 헤엄을 치면서도 나는 골똘히 생각했습니다. 중학생이나 고등학생한테서 공부도 생활도 유연하게 해주었으면 좋겠다고 선생님이 말씀하셨는데, 추상적인 말이라 무슨 뜻인지 잘 모르겠다는 질문이 담긴 편지를 받았다면, 어떻게 대답해주면 좋을까요?

나는 이렇게 대답하겠습니다. 여러분이 선생님의 말씀을 추상적이라고 느낀다면, 어쨌든 그 의미를 사전에서 찾아보면 좋겠다고요. "유연함しなやか"은 우선 **"아름답고 부드러운 모양"**, **"연하고 나긋나긋함"**이라고 정의되어 있는데, 이 뜻은 고전을 읽을 때에 떠올리면 됩니다. 그다음에 나오는 **휜 모양, 탄력으로 잘 휘어지는 모양**이라는 뜻이 여러분의 생활 속에서 쓰입니다. 어원을 분명하게 밝혀놓은 사전이라면 "しなふ"라는 옛말의 동사와 비교해봐도 좋겠지요. **초목이 무게로 휘어지고, 바람이 불어 휘어서 나부끼는 것도** 이렇게 표현할 수 있습니다. 더불어 **탄력성이 있는 모양**을 가리킨다고도 쓰여 있을 것

입니다. 이것도 기억해두라고 나는 말해야겠지요.

그럼 이제부터 여러분이 살아가면서 구체적인 하나의 문제가, 여러분이 힘 닿는 범위에서 해결해야만 하는 문제가 생긴다고 가정해봅시다. 중학생에게도 고등학생에게도, 오늘날의 세상을 어떻게 살 것인지와 관련해서는 몇 개라도 문제가 있을 테니까요.

그때 곰곰이 생각한 끝에 자신이 이 문제에 "유연하게" 대처하고 있는지 여러분이 검토해본다고 합시다. 그것은 확실히 추상적인 단어이지만, 구체적인 단서가 될 것입니다. **인간답다**는 말과 가까운 단어라는 사실도 실감할 수 있다면, 그것은 지금부터 여러분이 결정을 내리는 방법에 빛을 비춰주지 않을까요?

이에 더해서, 옛말 "しなふ"가 참고가 됩니다. 힘이 가해져도 뚝 하고 부러지지 않는다는 뜻, 이게 그 옛말의 의미입니다. 내가 아는 한에서 자살을 택한 사람들을 떠올려보면, 그들에게 정말로 무거운 문제가 있었으리라는 점을 알면서도 역시 "유연함"을 잃어버렸음을 유감스러워하지 않고는 견딜 수 없습니다.

한편 "강한 바람에 나부끼는 것처럼"이라는 뜻에는 부정적인 의미도 있습니다. 선생님이나 부모, 선배들의 압력으로―한편으로는 옆이나 밑으로부터의 압력도 있으니까 어렵습니다―곧 나부껴버린다는 말은 그다지 좋지 않습니다. 이것도 기억해주십시오.

3

단풍나무 위의 집에서 책을 읽고 있는 나에게, 어머니는 밭을 갈거나 씨를 뿌리거나 채소를 옮겨 심으면서도 아무런 말씀도 하시지 않았습니다. 이웃집에서 하숙을 했던 여선생님이 "그 위에서 졸다가 떨어지면 위험해요" 하고 어머니에게 말했더니, "저 아이는 자기가 알아서 해요" 하며 상대도 해주지 않은 것에 분개했을 정도입니다. 그러나 어머니는 단풍나무 주위의 작은 돌까지 주워내어 부드럽게 흙을 골라주기도 하셨습니다.

나는 **옹색한** 그 작은 집의 마루바닥에서 몸을 둥글게 말고는 책을 읽었는데, 아무리 해도 어려운 책이라 금세 눈을 들어 강 맞은편 벼랑의 숲을 바라보게 되었습니다. 그리고 딴생각을 하곤 했는데, 지금까지 책을 읽고 있던 머리의 지속적인 회전으로—빨리 달리다가는 곧장 설 수 없겠지요—평소 내가 생각하는 방법보다 더 분명한 형태로 사고할 수도 있겠다고 느꼈습니다.

사고한다(思는 정적靜的, 考는 지적知的 생각을 뜻한다. 여기에서의 사고는 考이다/역주)는 말은, 다시 말해서 **말**로 생각하는 것임을 것을 스스로 깨달은 곳도 이 나무 위의, 책을 읽는 작은 집에서였습니다. 나는 숲의 나무 한 그루 한 그루가 곧게 솟아 있는 모습을 바라보는 것이 좋아서—그래서 "나무는 어째서 곧장 위로 자라지요?" 하고 아버지한테 질문했던 것 같습니다—인간도 (나 역시!) 그렇게 되었으면 좋겠다고 생각했습니다. 나는 인간의 삶의 방법에 대한 생각 속에는 "유연함"이, 그리고 대학교에 들어와서 알게 되었던 upstanding, "곧게 홀로 선"이라는 영어의 느낌이 포함되어 있는 듯이 느낍니다.

"소문"에 대한 저항감

1

앞의 글을 읽은 사람한테서, "나가노 현의 새 지사의 '유연함'이라는 사고방식을 열심히 설명하셨던데, 그 지사가 작가라고는 하지만 소설가보다는 에세이스트로 활동하면서 당신에 대한 '소문'을 대담에서도 말하고 책으로도 출판했어요"라는 말을 들었습니다.

여러분도 "소문"이나 "고자질" 같은 아이들 사회의 나쁜 점이 어른이 되면 없어질 것이라고 낙관해서는 안 됩니다. 언론출판계에서 존경받는 사람들마저 이런 행위를 계속해왔고, 결국 나는 그것을 비판이라고는 생각할 수 없었습니다.

책으로 출판된 "소문" 가운데 하나는 내가 어느 출판

사의―분명 큰 회사는 아니지만 내 책장에 있는 전문서 중에는 그 출판사에서 나온 책들도 많습니다―편집자와는 만나려고도 하지 않는다는 것이었습니다.

진실을 말하자면 소설가라고는 해도 연구자도 아닌 내가 그 출판사의 편집자한테서 일을 부탁받은 적은 없습니다. 게다가 내가 사서 읽는 책의 출판사를, 오랫동안의 경험을 바탕으로 선택하는 것처럼―여러분도 이렇게 해주십시오―내가 한 해에 한 권이 넘지 않는 나의 책을 출판할 때에 편집자를 선택하는 것은 당연합니다. 즉 이 이야기는 사실은 아니더라도 있을 법한 이야기라는 "소문"의 한 가지 성격을 보여줍니다.

또 한 가지의 "소문"은 내가 노벨상을 받은 것과 지금까지 아내와 함께 가끔씩 스웨덴 대사관의 파티에 나간 일을 연결 짓는 내용이었습니다.

우리 집에는, 나이로 치면 어른이지만 혼자 집에 남겨둘 수 없는 아들 히카리가 있습니다. 스톡홀름의 노벨상 시상식에도 같이 가서 다리가 부실한 그 아이를 내가 옆에서 부축하고 있었는데, 이것을 가지고 유명한 큰 신문에, 장애아를 이용한다는 둥, 이 아이와 공동 수상이라고 할 만하다는 둥, 어쨌든 공격적인 쪽과 이해하는 쪽, 두 종류의 "소문"이 실렸습니다.

그것은 단순히 아들을 혼자 남겨두고 나와 아내가 장기간 여행할 수 없었기 때문에 생긴 일이었습니다. 우리는 그 아이를 데리고 와서 정말 다행이라고 서로 이야기했습니다. 규모가 큰 시상식일수록 힘든 일이나 바람직하지 않는 일들이 붙어다니곤 합니다. 그러나 히카리가 발트 해의 만을 향해서 **정자**亭子처럼 쑥 나와 있는 호텔의 방에서 혼자 우리를 기다리고 있어야만 했던 날에 만든 "바다"라는 곡을 들을 때마다, 알프레드 노벨 씨의 100년 전 결심에 감사하는 마음을 가지게 됩니다.

시상식 후 스웨덴 대사관에서 열린 관계자 파티에 아내와 함께 참석해서 인사를 한 적이 있을 뿐, 다른 대사관에 둘이 간 적도 없을뿐더러 나 혼자서는 그런 파티에 가지도 않습니다. 외국 대사관 소식통에 의해서, 영어에서 말하는 나쁜 의미의 유명한, notorious한 "소문"이 퍼지고 있을 정도입니다.

어째서 이런 "소문"이 돌 수 있었을까요? 그것은 사실과는 관계없이 악의와 경박함이 "소문"의 운동 에너지가 되었기 때문입니다. 본래 "소문"에는 이런 성격이 있습니다.

2

나는 여러분이 "소문"에 대한 저항력을 키우기를 바랍니다. 그러기 위해서는 두 가지 측면에서 노력해야 합니다.

우선 어떤 "소문"을 듣는다고 칩시다. 그것을 믿기 전에 주변 사람들이 말한 것이라면 우선 다른 사람들의 의견을 듣고, 진짜인지 아닌지를 확인해주십시오. 신문보도일 경우에는 하나의 "소문"이 마음에 걸리면 그것에 입을 맞추는 신문, 그 반대의 정보가 있는 신문, 중립을 지키는 신문 등, 이렇게 몇 개의 신문을 조사해봅시다. 이 작업을 하기에는 도서관이 편리합니다.

수상쩍고 의심스러운 "소문"일수록 오히려 용감하게 그것을 부풀리기까지 해서 퍼뜨리고는 재미있어하는 사람들이 있습니다. 유명한 인물이라고 해도 나는 이런 성격의 사람에게는 냉담한 마음밖에 들지 않습니다.

또다른 측면에서의 노력은 근거 없는 "소문"이 자신이 속한 사회—노는 곳에서든 교실에서든 아니면 가정에 돌아와서라도—에 퍼져나가는 데 저항하는 것입니다. "소문"은 누구나 재미있어하고, 감염되는 힘이 강하기 때문에 진지하게 그 "소문"에 저항하는 사람이 있다면, 특히 처음 단계에서라면 금방 때려눕힐 수 있습니다.

그래도 작은 "소문"이 어느 정도 이상으로 커지면 위험한, 다른 종류의 힘을 가지게 됩니다. 여러분이 세계사를 공부하고 그로부터 도움을 받을 수 있도록, "소문"이 얼마나 거대하고 부정한 힘을 발휘했는지를 보여주는 실제 사례들을 알 필요가 있습니다. 인류를 불행하게 만들었던 끔찍한 폭력으로서의 "소문" 역시 처음부터 용기 있는 정직한 사람들이 "이건 진짜가 아니야"라고 말했더라면, 작고 약할 때 그 싹을 짓밟을 수가 있었을 것입니다.

3

 오를레앙이라는 프랑스의 유서 깊은 도시의 이야기를 들은 적이 있지요? 14세기부터 계속된 백년전쟁 후반에, 잔 다르크가 영국의 점령에서 해방시킨 도시입니다. 1969년, 이 도시에 불가사의한 "소문"이 퍼졌습니다. 그 도시의 숙녀복 가게 6곳에서 "탈의실로 들어간 젊은 아가씨들에게 약을 먹여 외국으로 납치한 뒤 여성들한테 혹독한 일을 시키는 가게에 판다!"는 것이었습니다. 실제로 경찰에 행방불명을 신고한 보고서는 단 한 건도 올라오지 않았지만, 이 "소문"은 그 도시뿐만 아니라 프랑스 전역에 번졌습니다. 이 "뿌리도 잎도 없는 소문"이 어떻게 만들어져서 퍼져나갔는지, 사회적, 역사적으로 어떻게 비롯되었는지를 책임감 있는 학자들이 조사했습니다. 그리고 에드가 모랭이라는 사회학자가 대표로 보고서를 썼습니다.

 모랭이 분명히 밝힌 것은 소문 속 숙녀복 가게들의 경영자들이 모두 유대인이라는 사실이었습니다. 주인들은 결국 생명의 위험마저 느끼게 되었고 경찰에 보호를 요

청했습니다. 모랭은 유럽 전역의 사람들이 독일 나치가 자행한 유대인의 대량 학살에 대해서 명백하게 알게 된 이 시기에, 반성했어야만 하는 사회적인 차별과 편견이 여전히 남아 있다는 사실을 지적하고, 역사적으로 멀리 거슬러올라가는 소문의 뿌리를 제시했으며, "소문"이 만들어지고 퍼져가는 방법의 전형적인 공포를 분석했습니다.

모랭의 책에서 내가 특히 여러분이 주의해주었으면 하는 것은, 오를레앙의 여학생들이 다니는 학교의 일부 여교사들이 "소문"에 영향을 받아 그것이 퍼지는 데에 일조했다는 사실입니다. 유대인이 경영하는 숙녀복 가게에는 가지 않도록 학생들에게 당부했던 여교사들이 있었던 것입니다.

4

내가 "소문"에 대한 저항력을 키워나가기를 바라는 이유는 이 경우에도 여학생들 사이에서 이 "소문"이 진실인

지 확인하려는 움직임을 일으키고 동요하는 여교사들과도 찬찬히 이야기를 나누어서 실제로 이런 사건은 없었다는 사실을 집으로 돌아가서 이야기할 수 있었을 것이라고 믿기 때문입니다. 그렇게 해서 도시의 **분위기**를 직접 바꿔나갈 수도 있었겠지요. 이러한 구체적인 움직임에서야말로 젊은이들의 "유연함"이 발휘되리라고 바라는 것입니다.

유대인에 대한 사회적인 혹은 역사적인 편견이 "일본에는 없지 않은가, 이건 외국 이야기기 아닌가" 하고 말하는 사람도 있겠지요. 한편에서는 "그렇지 않다"고 말하는 사람들도 있습니다. 내가 외국에서 가르쳤던 학생들은 도쿄의 커다란 서점 한복판, 잘 팔리는 책이 반듯하게 누워서 죽 진열되어 있는 자리에, 일본인이 쓴 유대인에 대한 편견으로 가득 찬 책이 놓여 있었다는 데 가장 먼저 놀랐다고 합니다.

그것은 단순히 일본인이 잘 알지 못하는 것에 호기심을 느끼기 쉽다는 뜻일까요? 나는 그렇지 않다고 생각합니다. 인간은 자기들의 세계가 거대하고 사악한 힘에

위협받고 있다는 정보에 민감합니다. 당연한 말입니다. 현재 우리 사회는 문명이 만들어낸 온갖 것들로 보호받고 있습니다―반대로 핵무기나 오존층의 파괴 등 문명이 만들어낸 것들 탓에 위험에 노출되어 있기도 합니다. 먼 옛날 사람들은 우리보다 더욱 민감해야 했습니다. 지금은 인간이 싸워 이긴 역병에 의해서도 인류는 오랫동안 얼마나 고통스러워했는지요. 흑사병과 싸웠던 일본인 의학자가 바로 얼마 전에도 인류에 큰 공헌을 했다는 사실을 알고 있습니까? 콜레라의 경우에도, 약 200년 전의 이 나라에서는 네덜란드로부터 전해진 의학을 막 공부하기 시작한 젊은이들이 오사카에서 엄청난 일들을 했습니다.

이렇듯이 인간에게 사악한 작용을 하는 사물의 실체를 알게 되면, 그것과 싸울 수가 있습니다. 인간은 싸웁니다. 하지만 실체를 알지 못할 때, 인간은 막연한 공상에 빠지기 쉽습니다. 그리고 자기들의 공상 속에 그런 사악한 작용을 하는 것의 가짜 정체正體를 마련해둡니다.

유대인들은 유럽에서 이런 박해를 지속적으로 당했던

사람들입니다. 옛 러시아나 동유럽에서는 유대인들에 대한 거대한 압력이 있었습니다. 그것이 한 나라의 정책이 되어 수백만 명의 유대인들을 가스실에서 살해한 것이 아직 60년도 채 되지 않은 독일 나치의 행위입니다.

나는 유대인이 얼마나 고통스럽고 혹독한 경험을 겪었으며 얼마나 많은 수가 살해되었는지를 소년이나 소녀의 눈으로 본 기록을 읽어보라고 여러분에게 권하고 싶습니다. 나의 아버지가 말씀했던, 아이들에게는 아이들의 싸움 방법이 있다는 말의 적합한 좋은 예로서, 유대인 박해 현장에서 일어난 일들을 직접 보았던 아이들의 기록이 있습니다.

『안네의 일기 Het Achterhuis』는 그중에서도 가장 널리 알려진 책입니다. 이 책을 읽은 사람들은 사랑스럽고 영리한 유대인 소녀 안네 프랑크의 운명뿐만 아니라, 제2차 세계대전 때 유대인들이 독일 및 당시 나치의 세력 아래에 있던 그 주변 나라에서 엄청나게 죽어간 사실을 잊지 않겠지요.

그런데 일본에서 『안네의 일기』를 펴낸 큰 출판사가 몇

년 전 이번에는 유대인을 대량으로 죽인 가스실은 없었다는 기사를 자사의 잡지에 실었습니다.

출판사는 국내뿐 아니라 해외에서도—이쪽이 특히 힘이 강했습니다—비판을 받고 그 기사의 주장을 철회했습니다. 유대인들이 당했던 엄청난 재앙을 아예 없었던 것처럼 치부하는—이것은, 무서울 정도로 사악한 자는 유대인이라고 하는, 옛부터의 "소문"에 가담하는 일입니다—태도가 일본에도 존재한다는 사실을 나는 외국의 젊은 친구들에게 인정해야만 했습니다.

나는 그 출판사에 『안네의 일기』를 읽고 감동을 받은 소년이나 소녀가 성장해서 편집장이 되어 일하고 있지는 않은지 궁금했습니다. 어른이 되어 잊어버린다면, 어릴 적 독서는 쓸데없습니다. 여러분은 지금 어렸을 때 자기가 읽었던 책은 쓸데없다며 그 까닭을 사회 탓으로 돌리는 어른들과 싸워야만 합니다. 스스로가 분명히 확인하지 않은 "소문"에는 따라가지 않는 것도 싸움 방법 중의 하나입니다.

100년의 아이

1

21세기가 시작되었습니다. "이 세기를 어떻게 생각하시나요?" 나는 이런 질문을 받을 때가 있습니다. 노인의 나이가 된 나는, 정직하게 말해서, "자아, 21세기에는 새로운 마음으로!" 이렇게는 기운이 솟지 않습니다. 그러나 여러분은 크게 기운을 내면 좋겠습니다.

어릴 때 나는 다른 아이들이 모두 같은 생각을 할 때 그것이 나와는 상관없다는 듯이 조금 떨어져서 바라보는 아이는 아니었습니다. 도가 지나쳐서 아버지가 가만히 나를 쳐다볼 때마다 "나는 경박하구나" 하고 반성하는 쪽이었죠. 그래도 근본적인 성격은 오랫동안 바뀌지 않은 것 같습니다. 그리고 **이유가 있으면**, 주위의 아이들과 함께 기운을 내서 고군분투하는 것은 좋은 일이고, 지나치다고 반성하는 것 또한 아이들에게는 좋은 일이라고 생각합니다. 다시 말해서 **우선** 고군분투할 것!

어쨌든, 숲으로 갈 때마다, 어린 내가 "나의 나무" 아래서 만나게 될지도 모른다고 염려하면서도 한편으로는 기대를 품기도 했던 나이를 먹은 내가 된 나는 21세기의 처음 10분의 1 정도만을 누릴 수 있겠지요. 그래서 이렇게 생각합니다.

> 지금까지 내가 해왔던 일들을 종합할 수 있다면 그렇게 하고 싶다. 그렇게 하지 못하더라도 지금까지 해왔던 일을 계속하자. 그리고 생각하고 또 생각한 다음이 아니라면 지금까지 해왔거나 말해온 것과 다른 방향으로 가지는 말자. 또한 나아가려고 하는 미래를 발돋움해서 바라보면서 조금이라도 나아갈 방향을 확실하게 해두는 것이 어릴 때부터 원하던 바니까 아마도 급커브를 꺾지 않고 끝까지 갈 수 있겠지…….

장애를 가진 나의 아들 히카리가 아직 열대여섯 살이었을 때—지적인 장애이기 때문에 정신발달은 대여섯 살 정도가 아니었을까요?—숲속의 할머니가 있는 곳에서 일주일 정도 지내다가 돌아올 무렵 이렇게(가족을 사랑하고 가까운 사람을 소중히 여기는 감정은 건강한 여동생, 남동생과 똑같았겠지만) 말했습니다.

"할머니, 기운을 내서 죽어주세요!"

나의 어머니가 가끔씩 입에 담는, "죽을 때까지 기운을 내고 살아야지" 하는 말을 기억했던가 봅니다. 어머니도 손자의 말이 마음에 드셨는지, 자신의 힘을 북돋우듯이 이 말을 자주 하시게 되었습니다……. 그리고 정신을 차려보니 나 또한 "좋았어, 21세기도 이대로 계속 걸어가다가 기운을 내서 죽기로 하지" 하고 나 자신에게 말하고 있습니다.

2

히카리의 음악연주와 나의 강연—강연이라고는 해도 다소 느긋한 이야기 같은 것입니다—을 조화시킨 "문학 콘서트"를, 시간을 두고 계속하고 있습니다. 이번에는 효고 현의 이타미에서 열렸습니다.

나와 아내는 줄곧 히카리와 함께 사는 일을 즐거워했고, 히카리를 아이라고 생각합니다. 그러나 여러분이 보면, 그는 어른 나이입니다. 그래도 몸집과 음악을 만드는 능력을 별도로 치면, 말하는 방법이나 운동기능은 할머니와 이야기했던 그때와 다름없습니다.

이렇게 어린아이 같아도 히카리는 콘서트에서 앙코르가 나올 때면 가족과 다름없는 연주가들에게 불려나가서 무대에서 감사의 인사말을 합니다. 그는 그것을 위해서 스스로 생각했던—아니면 생각하고 있었던—말을, 나와 아내가 협력해서 문장으로 만든 그 말을 종이에 써서 주머니에 넣어두고 있습니다. 이것은 히카리의 "인생의 습관" 중 하나입니다.

이타미에서는 이렇게 인사했습니다.

"오늘은 제 음악을 많이 들어주셨습니다. 매우 고맙습니다.

나의 할아버지는 이타미 만사쿠라는 분입니다. 그래서 이타미라는 글자는 어렸을 때부터 기억하고 있습니다. 아주 좋은 지명이라고 생각합니다.

플루트의 고이즈미 히로시 씨, 바이올린의 고바야시 미에 씨 그리고 피아노의 오기노 치사토 씨. 모두 멋진 연주였습니다.

참으로 감사합니다."

이 콘서트 여행에서 돌아오자마자 곧장 지역 방송국에서 "이타미 만사쿠가 태어난 지 100년"―만사쿠는 일본에서 영화가 만들어지기 시작했을 무렵에 훌륭한 작품들을 감독했던 사람입니다. 요새 텔레비전에서 하는 오락 프로그램과는 물론 다르지만, 치밀하게 짜인 희극 영화에 힘을 쏟았습니다(이타미 만사쿠는 오에 겐자부로의 아내 오에 유카리의 아버지이다/역주)―이라는 프로그램의 비디오를 보내왔습니다.

이 프로그램을 가족과 함께 보는 동안에, 새삼스럽게 **100년**이라는 말이 내 마음속에 깊이 스며들었습니다. 이 책의 삽화를 그리고 있던 아내는 이야기의 주제가 어린 시절이 되자, 아버지가 라이카 카메라로 찍었던 작은 사진이 붙어 있는 낡은 앨범을 꺼냈습니다. 그리고 빛바랜 사진을 돋보기로 들여다보면서 오랜 시간을 들여서 세세한 부분을 그려나갔습니다.

내가 이 사진과 그림의 "관계"에서 떠올린 것도 **100년**입니다. 이타미 씨가 사진을 찍었던 것은 거의 60년 전의 일이었습니다. 하지만 100년 전에 태어난 사람이 살았던 시대, 그의 눈에 비친 정경이라는 생각이 내게는 강했습니다. 그리고 나는 이타미 씨를 통해서 말한다면, 그의 자손으로 태어난 아이들이 살아갈 시대의, 이제부터의 100년을 생각합니다.

100년 전에 태어난 사람이 찍은 사진은 지금 짙은 갈색으로 변했습니다. 현재의 정경을 찍은 컬러 사진도 머지않아 역시 **칙칙한** 색깔로 변하겠지요. 그리고 이 사진을 보고 있을 사람들의 주변은 어떤 정경일까요? 그 사

람들 역시 우리와 닮았을까요? 이런 식으로 나는 100년을 생각합니다.

나무 위에 만든, 책을 읽는 작은 집에서 내가 혼자만의 장소를 확보한 만족감에 젖어 책을 읽거나 공상을 하고 있으면, 밭일을 대충 끝낸 어머니가 와서 나의 집이 있는 단풍나무 밑동에 걸터앉아 쉴 때도 있었습니다. 어머니로서는 나와 이야기하고 싶은 마음도 있었겠지요. 그럴 때, 어머니가 하는 말씀은 할머니의 단골 메뉴와 똑같이 이 숲속의 땅에서 전해오는 이야기였습니다. 어머니 역시 할머니한테서 이야기를 듣고 기억하고 있는 것이겠지요. 그리고 그녀들이 "이건 옛날 일이야"라고 하는 것은 거의 100년 전의 사건이었습니다. 어머니는 몸집이 자그마했는데, 나의 나무 위의 집도 그다지 높은 곳에 있지 않아서, 나는 어머니의 이야기 소리가 들리지 않는 척할 수도 없었습니다.

어머니가 말씀한 옛 이야기들 가운데에는 "동자童子"에 관한 이야기가 있었습니다. 내가 어머니한테서 이야기를 들었을 때는 아직 그때로부터 100년이 지나지 않았지만, 메이지 유신明治維新 직전과 직후 우리 마을에서 두 번의 농민봉기가 있었다고 합니다.

아버지한테 들었던, 나카에 도주가 어릴 때의 이야기였습니다. 벼가 흉작이 들어 농민들이 세금으로 할당된 양을 채우기가 어려워지고 생활도 고통스러워지면, 모두가 의논해서 다른 번藩의 땅으로 옮겨가는 것을 "도산逃散"이라고 했습니다. 한편 "봉기"란 농민들이 혹독한 세금을 거두는 영주, 혹은 유신 후라면 지방정부에서 파견된 관리에게 집단적으로 저항해서 생활이 가능하게끔 새로운 계약을 맺으려고 하는 행동을 뜻합니다. 흉작도 봉기의 원인 중 하나였겠지요.

아무튼 농민들이 각각의 마을에서 "봉기하여" 영주나 관리가 있는 곳으로 향합니다. 도중에는 큰 강의 말라버린 바닥에서 야영합니다. 그렇게 밤을 넘기면서 이제 어떻게 할지 의논하는 사이에 어디선가 나타난 이상한 아이―옛말로 "동자"―가 어른은 생각조차 하지 못한 새로운 전략을 가르쳐주었다는 이야기입니다. 봉기가 끝나자, "동자"는 홀로 숲의 높은 곳으로 사라졌다고 합니다.

3

나는 나무 위에 만들어놓은 책을 읽는 작은 집에서 **옹색한** 자세로 누워 있습니다. 단풍나무 밑동에 걸터앉은 어머니가 이야기를 계속하는 이상, 나는 내려갈 수가 없습니다. 하늘은 투명한 푸른색이고, 강은 맑아서 물살 속으로 반짝반짝 빛나는 작은 은어가 이끼를 먹고 있는 것이 보입니다. 여느 때라면 나무 위에서 책이나 읽지 말고 놀러라도 가라고 말씀하시는 어머니가, 오늘은 긴 이야기를 늘어놓기 때문에 나는 조금 안절부절못합니다. 100년 후에는 세계가 어떻게 변해 있을까, 인간은 어떤 식으로 변할까? 이런 상상을 해보기도 합니다. 물론 100년이 흐르면 살아 있지 않겠지만, 50년 후, 나는 어디서 어떤 일을 하고 있을까 생각하다가, 지금 이런 곳에서 이렇게 살아서는 안 되는데 하면서 **초조해하기도** 했습니다.

그때 어머니가 "지금 숲에서 동자가 내려오시면 너는 어떻게 할 거니?" 하며 질문이라기보다는 자신이 상상하듯 물으셨을 때, 나는 **받아칠** 작정으로 냉담하게 대답했습니다.

"**내**가 동자라니깐!"

그러자 어머니는 화를 내는 대신 웃으면서 이렇게 말씀하셨습니다.

"'동자'는 마을 사람이 곤란에 빠지면 숲에서 내려와서 도와주신다고 하니까, 너도 학문을 하면서 신체도 단련해야겠구나……."

4

어머니는 극히 상식적인 보통 사람이었습니다. 그렇지 않았다면 얼마간 몽상가였던 아버지가 재산도 남기지 않고 돌아가신 다음, 7명의 아이들을 키우지 못하셨을 것입니다. 그런데도 내가 학자가 되고 싶다는 말을 꺼냈더니—바로 내 탓으로 그렇게 되지 못했지만—곧바로 찬성하고는 도쿄에 갈 수단을 마련해주셨고, 내가 가족을 이루고 나서 장애와 함께 태어난 히카리에 대해서는 그의 모든 말이나 행동에서 재미를 발견하고는 절대적인 지지를 보내주셨습니다.

한편, 책을 읽지 않을 때면 꼭 상상을 하던 나는 어머니와 그 대화를 나눈 이후부터는 나무 위의 작은 집에 올라가서 두세 쪽을 읽으면 이미 "동자"를 생각하지 않고서는 가만히 있지 못했습니다.

실제로 존재하고 있는 것을 토대로 삼아 없는 것도 거기에 있는 것의 연장으로 생각해나가는 것을 "상상想像한다"고 하고, 이러한 실마리 없이 멍하니 생각만 하는 것을 "공상空想한다"고 합니다.

내가 책을 읽는 작은 집에서 했던 일은 어머니가 기대하던 공부도, 신체 단련도 아니고 바로 공상이었습니다. 내가 "동자"라고 어머니에게 말해보았지만, 진심으로 그렇게 생각한 것은 아니었습니다. 오히려 만약 "동자"가 숲에서 내려오는 것을 보면, 나는 "동자"와 함께 가버리겠다고 공상하고 있었습니다. 어디로? 미래로, 100년 후의 세계로!

어떤 방법으로 갈지는 별도로 치고라도, 어쨌든 "동

자"가 100년 후의 세계로 나를 데려다주면, 거기서 사는 사람들이—과학적으로는 엄청난 진보를 거듭해서 지금과는 완전히 다른 세계가 되어 있겠지만—지금 이쪽에서 사는 나와 똑같은 인간인지 아닌지를 알고 싶었던 것입니다.

지금 생각해보면, 100년 후의 세계의 인간이, 지금 내가 좋다고 생각思하고 옳다고 사고考하고 아름답다고 느끼는感 것과는 완전히 다른 것, 반대되는 것을 좋다고 생각하고 옳다고 사고하고 아름답다고 느낀다면 하고 두려워했던 것 같습니다.

돌이킬 수 없는 것은 (아이에게는) 없다

1

어릴 때 내가 가장 무서워했던 말은 무엇이었을까요? 이 글을 쓰기 시작했을 때부터 그것을 확인해보려고 했습니다. 나는 책을 읽을 때마다 재미있게 느끼거나 중요하게 생각한 구절을 그대로 종이에 옮겨 적으면서 기억해두는 습관이 있었기 때문에, 몇 개 정도의 후보가 떠오릅니다.

그러나 어린 날들의 이런저런 장면을 줄곧 생각해가면서 내게 가장 무서웠던 말은 눈으로 본 지면 위의 글이 아니라 귀로 들은 말이라는 것을 깨달았습니다. 그것은 어머니가 말씀하셨던, 언제 말씀하셨는지도 기억하고 있는 말입니다.

"돌이킬 수 없어!"

 아버지가 갑자기 돌아가신 날이었습니다. 친척과 이웃사람들, 신문에서 이름을 본 적은 있지만 생각지도 않았던 사람들 등 많은 사람들이 애통해하며 찾아왔습니다. 그동안 일본의 시골 어머니라면 으레 그러리라고 생각하듯이 어머니는—나는 아이였으니까 어른을 그렇게 느끼는 것도 이상하지만—**애틋한** 모습으로 조용히 울고 계셨습니다.

 깊은 밤 아버지의 시신이 놓인 안채로 갔더니 어머니가 혼자서 앉아 계셨습니다. 어머니는 화난 듯한 강한 어조로, 몇 번이나 말씀하셨습니다.

"돌이킬 수 없어!"

 나는 가만히 마루에 서 있었는데, 그러다가 무서워져서 내 이불 속으로 돌아오고 말았습니다.
 나는 어른이 되어서도 **돌이킬 수 없다**는 말을 맞닥뜨릴 때마다 심야의, 어딘가 이상했던 어머니의 말투를 떠올립니다.

요즘 2, 3일 동안 서고를 뒤졌지만, 책 제목도, 대충 쪽수도 기억하는데 찾을 수 없는 책이 있었습니다. 정확한 인용은 불가능하지만, 기노시타 준지 씨의 책에 "돌이킬 수 없는 것을 돌이킨다"고 하는 의미의 한 구절이 있습니다. 여러분도 『저녁 학夕鶴』이라는 훌륭한 작품을 통해서 알고 있는 극작가입니다.

젊었을 때, 이 구절을 읽고 나는 또다시 가슴이 두근거렸습니다. 그 먼 날 밤, 숲속 골짜기의 집에서 아직 젊다고 해도 좋을 나이의 어머니가 아버지의 죽음을 돌이킬 수 없는 일로 슬퍼하며 통곡하고 있었던 것이 아니라 돌이키고 싶어도 그것이 불가능하기 때문에 화를 내고 있었다는 것을, 나는 어둡고 추운 마루에서 깨달았던 것이라고 생각합니다.

2

지금 이 문제에 대해서 나의 이야기가 도움이 될지 어떨지를 의심스러워하면서도, 어쨌든 생각하는 대로 써보려고 합니다. 바로 "아이들의 자살"에 대한 이야기입니다.

나는 아이의 마음의 병에 대해서 전문적인 지식이 없습니다. 아이를 자살로 몰아넣는 왜곡된 가정, 학교, 사회를 조사하고 연구한 것도 아닙니다. 더구나 교육현장에서 고통스러워하는 아이와 함께 생각하고, 그들에게 구체적인 위로를 해준 경험도 없습니다.

그래서 나는 이런 일을 하는 의사, 사회학자, 교사 등의 전문가들과 경험자들을 존중합니다. 국내외에서 내가 그들의 사고방식을 아이들과 젊은 아버지, 어머니들에게 전해주는 역할을 할 수 있다면, 온 힘을 다해서 하고 싶습니다. 그리고 문학의 긴 역사 속에서 소설가와 시인들이 이 과제를 어떻게 표현해왔는지를 돌아보면서, 내 생각을 다듬기도 했습니다.

이탈리아에서 1300년 전후에 살았던 — 지금으로부터 700년 전의 세계를 대표하는 한 사람이라고 나는 생각합니다—단테라는 시인이 있습니다. 『신곡 *La Divina Commedia*』이라는 그의 위대한 작품은 몇 번이나 일본어로 번역되었습니다.

"연옥煉獄", "천국天國"으로 이어지는 3부작 중 제1부에서는 온갖 지옥地獄의 광경이 그려지는데, 이곳에서 고통받는 사람들이 살아 있었을 때 어떤 일을 했는지가 시의 형식으로 표현되어 있습니다.

13번째 노래는 자살한 사람들이 가는 지옥의 이야기입니다. 그들의 혼—이렇게 불리고는 있지만 망령이라고 하는 편이 꼭 맞을지도 모릅니다—은 창백하고 무시무시한데, 살아 있을 때와 똑같습니다. 그러나 이 지옥에서만은 그들의 모습이 가시가 돋은 나무로 변해서 숲을 이루고 있습니다. 부주의로 나뭇가지를 부러뜨리면 화를 내거나 아픔을 호소합니다.

자살한 사람들의 혼은 이 숲에서 자기 자신에게 폭력을 휘두른 자들이라고 불립니다. 내가 열다섯 살 때 처음 만났던, 내 아이들에게 상냥한 아저씨이기도 했던 한 친구가 얼마 전에 자살했습니다. 영화감독으로 큰 성과를 거두기도 했던 사람입니다. 그때 나는 슬픔보다 먼저 "그렇게 멋진 모습과 지적 능력과 풍부한 감정을 지닌 인간이 자기의 전부를 파괴해버리고 말았다!" 하고 느꼈습니다.

그리고 나의 마음속의 귀는, 이제 50년도 넘은 그 옛날 어머니의 목소리를 그대로 듣고 있었습니다. "돌이킬 수 없어!"라는 말을.

3

어른의 자살에 대해서는, 그 사람을 내가 잘 알고 있고 특히 그 사람이 이제 더는 살아갈 수가 없었다고 생각하게 되면, 하는 수 없다고 여기기도 합니다. 깊은 슬픔과 무거운 애석함은 사라지지 않지만…….

그리고 아직 살아 있을 때에 그 사람이 내게 "나는 이제 죽으려고 해, 이해해줘"라고 말한다면 온 힘을 다해 막을 생각이지만…….

어른의 자살과 아이의 자살 사이의 차이는 아이의 자

살은 살아 있는 자들이 결코 이해할 수 없다는 데에 있습니다. 왜냐하면 아이들에게, "돌이킬 수 없다!"고 하는 일은 결단코 있을 수 없기 때문입니다.

  나는 이렇게 믿고 있습니다. 이렇게 말하면서 억지로 그렇게 믿으려고 하거나, 여러분을 향해서 결코 그렇게 믿는 척하고 있는 것이 아닙니다. 정말로 자연스럽게 이렇게 믿고 있습니다. 이것은 내가 지금까지 오래 살아오면서 공부할 수 있는 것은 공부하고, 일을 하는 과정에서 배우고, 경험을 통해서, 또 훌륭한 친구들에게서 배워서 내 것으로 만든 지혜에 의한 것입니다.

  믿지 못할 정도로 고통스럽고 냉혹한 상황에서 살아가는 아이들 앞에―세상에 이런 아이들은 수없이 많습니다. 예를 들면 에이즈에 걸린 아프리카의 가난한 아이들을 생각해보십시오―나를 데려갔는데 그 아이가 이렇게 말했다고 합시다.

    "이제 돌이킬 수 없어!"

나는 완전히 이성을 잃어버릴지도 모르겠지만, 작고 쉰 목소리로라도 말하고 싶을 것입니다. "그렇지 않아!"라고.

4

그러나 실제로는 아이 역시 어른과 똑같이, 이제 돌이킬 수 없다고 생각할 때가 있습니다. 나 자신, 나의 어렸을 때의 이런저런 사건들을 떠올려봅니다. 하지만 나는 어린아이이면서도 돌이킬 수 없다는 생각을 하게 되는 모든 순간에 그 생각을 스스로 뒤집으면서 삶을 이어왔습니다. 그리고 삶을 이어온 것은 옳았다고 진심으로 생각합니다.

아이한테는 더 이상 돌이킬 수 없는 일이 없습니다. 언제나 어떻게든 돌이킬 수 있다는 것이야말로 인간 세상의 "원칙"입니다. 이 원칙을 아이 스스로 존중해야만 합니다. 그것은 아이의 긍지의 문제입니다.

나는 아이의 긍지라는 말을 써왔습니다. 그리고 그럴

때마다 이렇게 쉽게 말해도 괜찮냐는 반론에 부딪힙니다. 여기서 내가 재반론할 수 있는 근거는 내가 아이였을 때의 추억과, 장애를 지닌 아이 한 명, 건강한 아이 두 명을 키운 경험에서 나옵니다. 확실히 나의 의견은 약합니다. 그것을 인정하면서도, 나는 역시 아이에게는 확실한 긍지의 감정이 있다고 계속 말할 작정입니다. 젊었을 때에는 지니고 있었을 법한 긍지를 상실했음에도 그래도 괜찮다는 어른들을 보아왔습니다. 그러나 똑같은 식으로 태도를 바꾸는 아이는 만난 적이 없습니다.

사실, 아이에게는 돌이킬 수 없는 일이 없다고 말하지만 현실은 그렇지 않습니다. 인간한테 그것은 자신의 눈으로 본 그 무엇보다도 고통스러운 일일 것입니다. 아이가 돌이킬 수 없는 일을 저지른다는 것은 무슨 말일까요?

살인과 자살입니다. 다른 사람을 죽일 때까지 폭력을 휘두르고, 자기를 죽일 때까지 폭력을 휘두르는 것입니다.

그리고 이 두 가지의 무서운 점은 하나입니다. "폭력"

과 "인간의 **생명**"을 묶어서 곰곰이 생각해보면, 여러분도 살인과 자살 두 가지가 하나임을 깨닫게 되지 않나요? 이러한 폭력을 어른이 아이들에게, 아이들 자신도 스스로에게 휘두르지 않아야 한다고 다짐하는 것이 인간의 "원칙"이라고 나는 믿습니다.

"그러나 지금 이 세상에는 아직도 전쟁이 있지 않는가, 전쟁을 하지 않는 나라에서도 무기를 만들고 대량으로 소유하고 수출까지 하고 있지 않는가" 하는 분이 있을지도 모르겠습니다.

분명 원자폭탄, 수소폭탄을 위시한 핵무기는, 지금 살아 있는 인류가 지금까지의 역사 속에서 만든 것 중에서 가장 "폭력적인 기계"입니다. 이것들을 줄이고 앞으로 없애자는 운동이 전 세계적으로 일어났지만, 아직 성공하지 못했습니다.

UN이라는 조직은 21세기에 세상에서 전쟁을 없애기 위한 가장 확실한 희망이라고 합니다. 나도 그렇게 생각합니다. 그러나 UN에서도 가장 거대한 힘을 가진 나라는 총회에 버금가는 역할을 하는 안전보장이사회의, 더구나 그 상임이사국인 중국, 프랑스, 러시아, 영국, 미국의 다섯 나라인데, 이들 나라도 무기를 수출하고 있습니다.

그렇다면 "우리 나라는 어떤가" 하고 묻는 분들도 있겠지요. "우리 나라는 군대를 가지지 않겠다고 헌법으로 약속해놓고도 신문이나 텔레비전에 나오는 자위대는 엄청난 군비를 갖추고 있지 않은가" 하고 말하는 분들도 있습니다. 이러한 목소리는 이 나라 안에서보다 오히려 나라 바깥에서 강하게 들려옵니다. 일본의 바로 옆에 있으면서 예전에 이 나라 군대의 침략을 받았던 나라의 사람들은 특히 더 큰 목소리를 내고 있습니다.

우리 일본의 성인들은 대부분 헌법과 현실적인 자위대의 존재에 대해서 신경을 쓰고 있습니다. 그리고 헌법이 약속했던 대로, 머지않아 군대가 없는 나라를 실현시키고, 이를 위해서 자위대의 규모를 지금부터 축소해야 한다고 희망하는 사람들이 있습니다. 반대로 실상 이 나라에는 강력한 전투력을 갖춘 군대가 있으니 여기에 맞추어서 헌법을 고치자고 하는 사람들도 있습니다. 이것은 현재 이 나라의 성인인 우리가, 무엇보다도 아이인 여러분의 가까운 미래를 생각하면서 자세히 논의해서 결정해야 할 일입니다.

여러분도 생각해보아야만 합니다. 나는 여러분이 이런 경우에도 "원칙"부터 생각해주기를 희망합니다. 우선 자신, 그리고 가까운 사람들의 문제로서, 아이가 다른 인간을 죽이는 폭력을 휘두르거나 자신을 죽이는 폭력을 휘두르는 일은 있어서는 안 된다—그것이 "원칙"이라는 것부터 생각했으면 합니다. 어른들이 끝을 맺으려고 하면서 아직 끝맺지 못하는 것이 있습니다. 이와 달리 아이들이 인간다운 긍지를 가지고 스스로 "원칙"을 지키면서, 거기서부터 사고를 발전시키느냐 마느냐에 따라서 세상의 미래가 밝아질지 어떻게 될지가 결정될 것입니다.

"어느 정도의 시간을 기다려보십시오"

1

아이에게는 돌이킬 수 없는 일은 없습니다. 아이는 스스로 돌이킬 수 없는 일을 해서는 안 됩니다. 이것이 "원칙"이라고 나는 썼습니다. 그러면 너무나 고통스러워서 돌이킬 수 없는 일을 하게 될 때, 아이가 멈추어 서기 위해서는 어떻게 하면 좋을까요?

나는 거기에 대해서 아이 때부터 생각해왔던 덕택에 하나의 대답을 가지고 있습니다. 단순한 대답이지만, 효과가 있다는 사실 또한 경험을 통해서 알고 있습니다. "어느 정도의 시간을 기다려보는 힘"을 가져야 한다는 것입니다. 어떤 일이는 이제 나는 돌이킬 수 없는 일을 할 수밖에 없다고 생각할 때, 어쨌든 "어느 정도의 시간을 기다려보는 힘"을 가지고, 이제 틀렸다고 체념하지 말라고 말하고 싶습니다.

아이들에게 "어느 정도의 시간"이라는 것은 정말로 소중합니다. 어른이 되면 "어느 정도의 시간"을 기다려봐도 달라지지 않을 때도 있습니다. 하지만 아이들에게는 결코 그렇지 않습니다. 기다려보는 "어느 정도의 시간" 속에 전부가 있다고 해도 좋을 정도입니다. 21세기를 살아갈 여러분에게 전해주고 싶은 말을 하나만 선택하라고 한다면 나는 이렇게 말하겠습니다.

> "이제 돌이킬 수 없는 일을 해야만 한다고 번민하게 된다면, 그때 '어느 정도의 시간을 기다려보는 힘'을 내어보세요!"

그러려면 용기가 필요하고, 부단히 힘을 길러두어야 합니다. 하지만 그 힘은 여러분한테 있습니다.

2

앞에서도 썼지만, 나는 중학교 1학년일 때 구제 중학교에 다니던 사람한테서 기하 교과서를 받아서 혼자서 공부한 적이 있습니다. 고등학교에서도 기하를 계속하면서 더불어 해석解析을 배웠습니다. 대학입시 문제집은 수학에 관한 한 오히려 재미있게 풀었습니다.

전부 그렇다고 말할 수는 없지만, 이러한 초보적인 수학은 그리스 이후의 논리학에서 발전해온 새로운 학문으로서의 기호논리학과 관련이 있는 것 같습니다. 지금도 조금 복잡한 생각을 할 때―비행기로 외국에 가기 위해서 오랜 시간 앉아 있어야만 하는 경우에는 특히―공책에 작은 칸들을 만들어 그 안에다 문제를 하나씩 정리해서 써넣고는 생각해봅니다. 이렇게 해서 생각해나가면, 미리 "이런 결론이 되면 좋겠구나" 하고 생각했던 것과는 다른 방향이 되어도 그것을 받아들일 준비가 되어 있다고 느낍니다. 원래 자기가 생각했던 것이니까요.

내가 고등학교 때 배웠던 해석은 우선 「해석 I」이었는데, 미분이나 적분이라고 하는 좀더 고도의 수학적 사고와 방법이 요구되지 않는 단계입니다. 이 교과서나 문제집에 실려 있는 계산이 나처럼 이과가 아닌 학생에게는 「해석 II」보다 더 재미있었다고 기억됩니다.

나는 특히 문장으로 된 조건하에서 수식을 조립하고 풀어가는 문제를 좋아했습니다. 푸는 과정에서 복잡한 수식이나 기호식의 한 부분을 우선 괄호로 묶은 다음, 그것을, 예를 들면 A로 나타냅니다. 그것만으로도 수식이 간단해지고, 계산을 계속해나가는 도중에 등호의 양쪽에 똑같은 숫자의 A가 있음을 알게 되거나, 분자와 분모에 A가 있어서 양쪽 다 소거해버리는 때가 있습니다. 그럴 때에는 정말 즐거웠습니다.

또한 A가 소거되지 않아도 완전히 정리된 식이라서, 미리 괄호를 풀고 A의 내용을 대입하면 계산이 쉽게 풀리는 때도 있습니다.

한편, 계산의 마지막 단계에서 분발하여 괄호를 풀어 보면, 처음에 아무리 해도 풀 수 없었던 문제가 그대로 재현되어 A라는 기호를 붙인 계산에 허비했던 시간이 완전히 물거품으로 돌아가버린, 그야말로 "애쓴 보람도

없이 남은 것은 피곤함뿐"인 적도 있었습니다. 그럴 때는 한숨 돌리고, "어쩔 수 없어! 내가 한 일이야" 하면서 기운을 내려고 했습니다.

실은 그 무렵부터 수학 외의 다른 어려운 문제도, 한 부분을 우선 괄호로 묶어 A로 만든 다음 순서대로 생각하게 되었습니다. 그럴 경우에도 아까 썼던 것처럼 자연스럽게 A가 소거되어 문제가 풀리는 일이 있었습니다.

또한 겨우 계산이—다시 말해서 문제를 생각하는 것이—정리되어 A를 구체적인 내용으로 되돌리면, 처음의 어려운 문제가 그대로 남아 있는 때도 있었습니다. 그럴 때면 수학의 경우와는 조금 달리 깨닫게 되었습니다.

"나는 이 문제의 가장 어려운 곳에서 도망치고 있을 뿐이다!"

그리고 그 어려운 곳을 향해서 나아가기 위해서 기운을 내서 정면대결합니다. 이제 어른이 되어서도 그것은 계속되고 있습니다.

3

수학에 대한 추억을 풀어놓은 것은 이 설명을 하고 싶었기 때문입니다.

나는 "어느 정도의 시간을 기다려보는 힘"을 일으키는 것이 아이들에게는 필요하다고 말했습니다. 그것은 아이에게는 물론 어른들에게도 살아가면서 정말 어려운 문제에 부딪혔을 때, 우선 그것을 괄호 속에 넣고 "어느 정도의 시간" 동안 놔두는 것입니다. 이렇게 하면서 삶이라는 큰 수식을 계산하는 것입니다. 처음부터 도망치는 것과는 다릅니다.

그러는 과정에서 괄호 속의 문제가 자연스럽게 풀리는 때도 있습니다. 그러나 괄호 속의 문제를 B라고 한다면 특히 어릴 때에는 "어느 정도의 시간"을 기다리는 동안에도 완전히 B를 잊지 못합니다. 그렇기는커녕 언제나 마음에 걸려 생각이 나죠. 하지만 고통스러울 때, 구체적인 문제나 특정 인물에 대한 일이 아니라, B라고 하는 기호로 치환시켜서, "B가 아직 미해결이지만, 조금 더 기다려보자"고 생각하기로 했습니다.

이것만으로도 얼마나 기분이 가벼워지는지, 나는 몇 번이나 그런 기분을 경험했습니다. 지금도 어떤 기호에 최악의 "심술꾸러기" 얼굴을 대입할 수 있을 정도입니다.

그리고 "어느 정도의 시간"이 지나서 괄호를 풀어보아도 아직 문제가 그대로라면 이번에야말로 정면에서 그것과 대결해야 합니다. 그렇지만 아직 아이인 여러분은 어떻게든 **견뎌내는** "어느 정도의 시간" 동안에 자기가 성장하고 용감해지는 것을 깨닫게 될 것입니다. 이 점이 수학의 경우와 다릅니다. 나는 특히 고등학교 때부터 대학교를 졸업할 무렵까지 이렇게 해왔습니다. 그리고 지금 현재 이렇게 살아 있습니다.

4

나의 가정에서 태어난 첫아이가 지적 장애를 지니고 있다는 말을 의사 선생님에게서 들었을 때, 그리고 미래에도 "치유되기" 힘들다는 사실을 알았을 때, 그것은 나와 아내에게 지금까지의 인생에서 대결해야 했던 문제들 중

에서 가장 어려운 문제처럼 느껴졌습니다.

나의 숲속 마을에 있는 어머니 역시 그것을 자신의 문제로 받아들이고 해결할 방법을 모색했습니다. 어머니는 도시에서 지적 장애를 가진 우리 아이가 차별받거나, **왕따**를 당하지 않을까 걱정했습니다. 그러다가 숲속 마을에서라면 그 주민들은 모두 옛날부터 알던 사람들이고, 아이들이 **괴롭힐** 작정을 한 것이 아니라면 끈덕지게 **놀리는** 일이 있더라도 자신이 나서서 문제를 해결할 수 있다는 해답을 얻었던 것입니다.

그렇게 어머니는 숲 **가장자리**에 손자 히카리와 둘이서 함께 살 작은 집을 짓고 살고 싶다며 제안을 하셨습니다. 아내에게도 말했지만, 결국 우리는 받아들이지 않았습니다.

히카리가 양호학교를 졸업하고 가을부터 복지 작업소(장애인을 대상으로 일정 기간 자활에 필요한 훈련 등을 행하거나 일하게 하는 시설/역주)에 다니기로 결정된 여름의 일이었습니다. 이전에 몇 번 할머니를 만나러 간 적이 있는 히카리가, 나와 아내로서는 정말 생각지도 못한 일을 제안했습니다.

"나는 목공 일을 가장 **잘합니다.** (그렇게 말하면서 강 건너편 숲을 가리킨 뒤에 할머니에게) 이렇게 많은 나무가 있으니까 목공 일을 하면서 할머니랑 살고 싶습니다."

직접 말로 할 수는 없었지만, 히카리는 복지 작업소에서 일하는 데에 불안을 느꼈던 것은 아닐까요? 그리고 긴 세월 동안 우리한테서 들어왔던 숲 **가장자리**에 작은 집을 짓는 계획을 떠올렸던 것은 아닐까요?

"아아, 그렇게만 된다면야!"

어머니는 이렇게만 말씀했습니다. 이제 늙어서 십수 년 전의 제안을 실현할 수 있는 체력도 기력도 당신에게는 없었지만…….

그로부터 다시 몇 년이 흘러서 히카리가 약간씩 작곡해놓았던 것을 피아니스트인 내 친구가 카세트테이프에

녹음해주었습니다. 나는 그 테이프를 숲속의 집으로 보냈습니다. 어머니는 진심으로 기뻐했습니다. 아내에게 전화를 걸어 숲 **가장자리**의 작은 집에서 살지 않아서 다행이며, 그렇게 했더라면 자신도 히카리도 유쾌하게 게을러질 대로 게을러져서 음악을 만든다는 생각조차 하지 못했을 것이라고 말씀하신 모양입니다.

"어느 정도의 시간"이 쌓여서, 나도 아내도 어머니도 또한 히카리 자신조차도 풀 방법을 가늠하지 못했던 어려운 문제가 깨끗하게 풀린 것입니다. 이후에도 히카리에게는 새로운 문제가 생겼지만, 그의 여동생과 남동생을 포함한 우리 가족은 구석으로 몰리는 느낌도 없이 그것들과 맞설 수 있었습니다.

5

오랜 작가 생활 동안, 처음으로 나는 아이들인 여러분을 향해서 한 권의 책이 될 만한 분량의 글을 썼습니다. 막상 책으로 만들 생각을 했더니 쓰고 싶은 것이 많았습니다. 애초에는 초등학교 상급생들이 읽을 것들을 생각했지만, 이미 고등학교에서 대학입시를 준비하는 학생들을 생각하면서까지 쓰게 되었습니다. 여기에 쓰여 있는 글들이 유치하다고 느끼거나, 반대로 어렵다고 여기는 등 다양하게 생각하지는 않았나요? 실제로 나는 그런 편지를 받기도 했습니다. 줄곧 어른을 위한 책을 써왔고 게다가 현장 교사의 직무를 해보지 않았던 나의 결점이 밖으로 드러난 것입니다. 작가 미야자와 겐지의 위대함이 절실해집니다.

그래도 신기하고 기쁘게도 여러분한테서 재미있는 반응이 있었습니다. 예를 들면 수영장에서 만난 소년한테서 이 책의 첫째 글에 나의 아내―고등학교 시절의 소중한 친구의 누이동생이니까, 어렸을 때부터 알았던 셈입니다―가 그린 삽화에 대한 질문을 받았습니다.

> "커다란 나무 왼쪽에 할아버지가 있죠? 아이도 있는데, 할아버지가 있는 방향으로 나무 밑을 돌아가려고 하고 있어요. 아이는 허리춤에 막대기를 차고 있고요.

그건 **이상한 할아버지**를 해치우려고 하는 것인가요? 할아버지가 가지고 있는 것(아내의 설명으로는 옛날 노인이라면 흔히 손에 들고 다녔던 부채라고 하지만)은 그걸 막기 위한 무기인가요?"

어린 내가, "나의 나무" 아래서 만날지도 모르는 나이 먹은 나에게—할머니가 그럴 가능성도 있다고 말씀했지만—**"어떻게 살아왔습니까?"** 하고 물어보려고 하는 장면입니다. 특별히 속여서 **골탕 먹일** 계획을 세우는 것이 아닙니다.

나는 다시 이렇게 생각합니다. 지금은 이미 그 노인만큼 나이를 먹은 내가 고향의 숲으로 돌아가서 아직 아이인 나를 만난다면 무슨 말을 할까?

"너는 어른이 되어도 지금 네 안에 있는 것을 계속 지니게 될 거야! 공부도 하고 경험도 쌓아서 그것을 키워나가기만 하면 돼. 지금의 너는 어른인 너에게로 연결될 거야. 그건 네 등 뒤에 있는 과거의 사람들과, 어른이 된 네 앞에 있는 미래의 사람들을 잇는 것이기도 해.

 아일랜드의 시인 예이츠의 말을 빌린다면, 너는 '자립한 사람upstanding man'이야. 어른이 되어서도 이 나무처럼 그리고 지금의 너처럼, 곧게 서서 살아가기 바란다! 행운을 빈다. 안녕, 언젠가 다시 어딘가에서 만날 거야!"

역자 후기

『나의 나무 아래서』는 노벨문학상 수상 작가인 일본의 오에 겐자부로가 자신의 유년기와 소년기를 추억하면서 지적 장애를 가진 아들의 교육과정을 배경으로 하여 아이들과 젊은이들에게 자신의 삶과 경험과 사상을 강의하는 형식의 교육 에세이입니다.

한 시골 집안의 아들이었고 이제는 노년의 아버지가 된 오에 겐자부로의 추억 속에는 아버지와 어머니가 전쟁(제2차 세계대전)이라는 궁핍한 시대와 오버랩됩니다. 그러나 그들은 단순한 육친의 그리움의 대상이 아니라 현재의 그의 형성에 절대적인 영향을 미친 존재입니다. 그리고 그들은 그와 그의 장애아 아들을 잇는 존재로서 각인됩니다. 그의 아들은 지적 장애를 가지고 태어났지만, 아버지 겐자부로와 어머니 유카리의 도움 속에서 작곡까지 하는 젊은이로 성장했습니다.

오에의 고향 사람들은 숲속에 "나의 나무"를 한 그루씩 점찍어두고 있었으며, 오에도 물론 "나의 나무"를 가지고 있었습니다. 그는 그 나무 위에 책을 읽는 작은 집을 지었습니다. 그는 자신의 나무처럼 인간의 삶에는 아이 때의 삶이 계속되고 있다는 것을 자신의 성장과정을 추억하면서 이 책 속에서 반추하고 있습니다.

아이들(젊은이들)을 위해서 쓰였으나, 그들의 아버지와 어머니가 더욱 읽어야 할 내용이 된 오에 겐자부로의 이 에세이는 유년기와 소년기의 경험이 어떻게 삶의 과정에서 계속되고 이어졌는가를, 책 읽기가 얼마나 중요했는가를 보여주고 있습니다. 그는 그 자신이 질문하고 아이들에게서 대답을 이끌어내는 방식을 취하고 있는데, 그 중에는 플라톤의 도덕(에토스)과 덕(아레테)의 차이를 이야기하는 장면도 있습니다. 그러나 그 내용과 차이를 설명하지 않음으로써 아이들에게 더 많은 책을 읽어야 할 여지를 남겨주었습니다. 역자 역시 "역주"가 필요하다고 생각되는 부분들이 있었지만, 대개의 경우에 배려하지 않았습니다. 궁극적인 대답과 실천은 독자 자신의 몫일 것입니다.

오에의 이 에세이는 생생하고 분명한 목소리로 처음부터 끝까지 어휘들은 물론이고 문장들까지 일관되고 상호연결되는 글쓰기의 구성과 구조 속에서 어떻게 인간이 성장하는가를, 곧 자립하는 인간upstanding man이 되어가는가를 추구합니다. 아이들의 눈높이에서 참으로 아름답고 서정적으로 쓴 에세이지만, 그 구조는 논리적입니다. 부드럽되 당당한 오에의 발언은 그가 문학적으로도 큰 작가이지만, 도덕적으로도 일본의 양심이자 세계의 양심이라는 그에 대한 평가를 확인하고 있습니다. 역자 역시 그가 행동하고 실천하는 세계인이라는 것을 실감할 수 있었습니다.

오에 겐자부로라는 한 세계인이 쓴 이 에세이는 글이 글쓴이에게 부끄럽지 않고 글쓴이가 글에 부끄럽지 않은 당당하고 희귀한 예의 하나일 것입니다.

이 책의 아름다운 삽화들은 장애를 가진 아들을 둔 한

어머니가 또 훌륭한 인격자를 지아비로 둔 한 아내가 맑고 밝게 그린 그림들입니다.

『나의 나무 아래서』는 출간된 지 3개월 만에 20여만 부가 판매되는 "베스트셀러"가 되었다고 합니다. 본격적인 에세이로서는 대단한 판매기록이라고 할 수 있을 것입니다.

이 시대의 사표師表라고 해도 모자람이 없는 오에 겐자부로의, "사표"라는 표현이 그에게 전혀 부담이 되지 않을, 글을 번역할 수 있는 기회가 내게 주어진 것을 감사합니다.

2001년 9월 25일
송현아